Managing the Human Service Market

介護市場の経済学

ヒューマン・サービス市場とは何か

The Case of Long-Term Care in Japan

角谷快彦 著
Yoshihiko Kadoya

名古屋大学出版会

はじめに

　本書『介護市場の経済学』は，介護市場に関する既存の経済学の研究をまとめたものではない。むしろ，介護市場をはじめとするヒューマン・サービス市場の課題解決には，既存の経済学のモデルが適していないことを指摘する。その上で，ヒューマン・サービス市場の長らくの課題である「効率性と品質の担保」の両立に適する仕組みを，経済学を中心としながらも分野横断的な見地から提案する。

　提案は一言で言うと，「既存の価格と品質を介護サービスの選択要因としたモデルから，価格を排除し，品質のみを選択要因としたモデルに移行しよう」というものである。従来の価格と品質が選択要因となるモデルでは，「高価で高品質」から「安かろう悪かろう」まで幅広い品質の財が生まれる。この「市場の現象」は日用品等の一般的な財では問題ないが，ヒューマン・サービスのように，低品質が利用者の生活の質を著しく低下せしめる財には適さない。富裕層はそれでも良いが，経済的に裕福でない人の生活の質が，介護によって著しく低下してしまうことは，ヒューマン・サービスの本来の趣旨と相反するからである。第2章で本書の提案である「介護市場モデル」を提示しているが，残りの章はすべてこれをサポートする構成になっている。

　ヒューマン・サービス市場が長年抱える低品質のサービスの課題は，市場の設計の議論が専門分野ごとにバラバラに行われてきたことに起因する。すなわち，あるべきヒューマン・サービスの普及の議論とその供給を担う市場設計の立案と検証の議論が統合的になされてこなかったのである。2010年に出版された，5名の編著者と70名以上の執筆者からなる，福祉政策研究の包括的ハンドブック『福祉国家』（*Oxford Hand-*

book of Welfare States）や西村［2014a］の言葉を借りれば，分野ごとに，社会学者は社会的統合に，経済学者は経済効率に，政治学者は社会階層の軋轢に，社会政策学者は貧困者への再分配と貧困改善の応急処置の議論に強い関心を持ち，分野を超えた包括的な議論が著しく欠如していた。本書はこの視座に立ち，各分野に目配りしながら，立体的な考察の上での提案を試みている。

上記のように本書の試みは野心的である。分野の深堀がそれ単体では蛸壺となる弱点を指摘し，そこに横糸を紡ぐ作業をすることは，各分野から見た考察が翻って浅くなる危険性がある。本書の内容が多くの分野の読者によって議論され，さらに磨かれることが望まれる。

本書は，著者が2011年4月にシドニー大学に提出した博士学位論文"Managing the Human Service Market : The Case of Long-Term Care in Japan"を和訳し，加筆・修正したものである。同学位論文には非常に多くの方々から極めて有益なコメントを頂戴した。ここにすべてのお名前を挙げることはできないが，特にご指導・審査いただいたジョアン・ケリー准教授，ガビー・ラミア准教授，ジェフ・ギャロップ教授，ガブリエレ・ミーグハー教授（以上，シドニー大学），ポール・ポスナー教授（ジョージ・メイソン大学），小椋正立名誉教授（法政大学），カレン・ハヤシダ准教授（ハワイ大学）の各氏に感謝する。なお，そのうち第4章は *Japanese Journal of Health Economics and Policy*, Vol. 21（E1）に掲載されており，匿名のレフェリーからも多くの貴重な示唆を賜った。また，本書の内容は著者が行った2013年の日本学術振興会米国支部での招待講演および2014年のタイ王国政府保健省招待講演のもとにもなっている。

また，日本語での原稿については西村周三名誉教授（京都大学，医療経済研究機構所長），萬行英二教授（名古屋大学），水谷研治名誉教授（中京大学）よりさらに貴重な指摘をいただいた。深く感謝したい。

原稿のチェックは，名古屋大学の濱田知美助教，増岡真美さん，志賀

奈月美さんにご協力いただいた。感謝したい。

　言うまでもないが，それでも万が一，本書の記載に誤りがあった場合の責任は，全面的に著者本人に帰する。

　出版にあたっては2015年度日本学術振興会科学研究費補助金「研究成果公開促進費・学術図書」の助成をうけた。

　執筆の課程を通じて，常に支えてくれた妻と娘には幾度となく励まされた。

　最後に，シドニー大学図書所蔵の本書をお読みいただき，日本語化をすすめてくださり，さらに文章の手直しにも根気強くお付き合い下さった，名古屋大学出版会の三木信吾氏に深い感謝を捧げたい。

2016年1月

　　　　　　　　　　　　　　　　　　　　　　　　　　角　谷　快　彦

目　次

はじめに　i

序　章　ヒューマン・サービスの時代と新しい経済学………1
1　高齢者介護の事例を研究する意義　5
2　日本の事例を研究する意義　6
3　研究デザインと手法　8
4　研究対象分野　9
5　構成と論点　11

第1章　市場を通じた介護サービスの供給……………17
1　ヒューマン・サービスへの政府の介入の歴史的背景　18
2　市場を通じたヒューマン・サービス供給の一般化　22
3　介護市場における質の問題　32
4　公共政策モデル――官僚制から市場活用へ　34
5　ヒューマン・サービス供給におけるケア品質問題の原因　39

第Ⅰ部　ヒューマン・サービス時代の経済学モデル

第2章　介護市場モデル………………………………45
1　ケア品質モデルとは　45
2　ケア品質モデルの問題点　47
3　ケア品質モデル問題の原因　50
4　介護市場モデル――市場競争をケア品質の改善に仕向ける　54
おわりに――介護市場モデルに対する疑問　57

第3章　実装可能性の検証……………………………………… 59

1 ユニバーサルな介護給付制度　60
2 被介護者のコンディションに応じ標準化されたケア　61
3 価格競争の排除　65
4 介護保険の枠組みの外にある市場　66
5 4つ目の要件——ケア品質情報の公開　68
6 必須の外部評価　71
おわりに　72

第4章　介護市場での実装効果性の検証………………………… 73

1 検証モデルの概説　74
2 検証方法とデータ　80
3 結　果　89
おわりに　99

第5章　財政的持続可能性……………………………………… 103

1 財政負担とユニバーサル給付　103
2 「規模の経済」の重要性　107
3 財の統一性と所得格差　109
4 低所得者のみへの給付制度における質の改善　111
おわりに——ここまでの結論　117

第Ⅱ部　ヒューマン・サービス時代の品質評価

第6章　アウトカム評価とプロセス評価………………………… 123

1 業績評価手法の説明　123
2 アウトカム型業績評価手法の問題　125
3 プロセス型業績評価手法　127
4 プロセス型業績評価手法の問題　128
5 ヒューマン・サービス分野で優位性を持つプロセス型　129

6　介護政策モデル　132
　　7　公共政策モデルを修正する　139
　　おわりに　139

第7章　プロセス評価の優位性 …………………………143
　　1　米国と日本におけるケア・ワーカーの定義　144
　　2　米国におけるアウトカム型業績評価手法　145
　　3　日本におけるプロセス型業績評価手法　150
　　4　介護政策モデル──政府と供給者の交流の促進　155
　　5　介護政策モデルの下でのプロセス型業績評価手法の効果　161
　　6　プロセス型業績評価モデルの好循環　164
　　おわりに　169

第8章　ケア・ワーカーの訓練 ……………………………171
　　1　ケア・ワーカーの訓練の概要　171
　　2　ケア・ワーカーの定義　173
　　3　日本で極めて長い研修時間　175
　　4　2つのフェーズからなる訓練内容　177
　　5　資格試験　182
　　おわりに──優秀な人材を惹きつけるために　183

第9章　介護政策モデルの持続可能性を担保する産業政策 … 189
　　1　経済成長の源泉になる介護　193
　　2　産業振興策の財源　201
　　3　日本の介護市場の課題　207
　　おわりに　210

終　章　日本発の「介護市場の経済学」として ……………213
　　1　ヒューマン・サービス市場の設計　214
　　2　プロセス型業績評価モデル──利用者ニーズの反映　221

おわりに 228

参考文献 231
図表一覧 245
事項索引 249
人名索引 253

序　章

ヒューマン・サービスの時代と新しい経済学

　介護等いわゆるヒューマン・サービスの市場を通じた提供には課題が多い（Lipsky [1980], Nyman [1994], Wiener et al. [2007], Donabedian [1987], Hansmann [1980]）。一方で先進国の政府は，市場を介さずに今日のヒューマン・サービスの需要に応える余裕はない。指示や命令を前提に動く政府の官僚モデルは，柔軟かつ素早い変化への対応を求められるヒューマン・サービスのニーズに応えるのは難しい（Thomas [2006]）。むしろ，市場のプレーヤーである民間企業やNPOを含む非政府の組織の方が，柔軟性に富み，ニーズに特化したサービスに対応できる。しかし，ヒューマン・サービスの供給を「市場」に任せることは，一部の特に金銭的に裕福でない利用者を「弱者」に留め置くことにつながる。コップや茶碗等，品質の違いが生活の質に大きな影響を与えない市場の財の選択と異なり，ヒューマン・サービス――つまり，高齢者介護施設や身体障害者施設，保育所等――の選択は人々の「生活の質」に極めて重大な影響を与える。深刻なのが，過去何十年にもわたって，日本を含む世界の至るところで多数の高齢者が市場で供給される介護サービスの，虐待を含む不適切な品質に苦しんでいるという事実である（OECD [2005]）。人は「健康で文化的な最低限度の生活」を営む権利があるはずである。社会保障は，国家が国民に対して生活の最低限度（すなわち「ナショナ

ル・ミニマム」）を保障するための制度である。この制度を構成するヒューマン・サービスの供給で，利用者を「弱者」に留め置くことは，たとえ市場を通じた供給が不可欠だとしても，許されない。

　本書は，上記の視座から，市場を通じたヒューマン・サービスの供給を，高齢者介護を例に考察する。具体的には，次の2つの課題に取り組む。

　①政府は一定のサービスの質を担保するヒューマン・サービス市場をどう設計すべきか？
　②供給されるサービスの質を測る指標をどのように設定すべきか？

分析には主として OECD 加盟国のケースを用いるが，特に人口比で最も高い高齢者率を持ち，実はヒューマン・サービスの市場設計において世界をリードしている日本（詳細は後述）のケースについて第一の焦点を置く。

　本書は二部構成である。第I部は，市場の競争原理によって（一部の人に対する）介護の質を犠牲にし得る弱点を明らかにする。その上で，本書は市場競争を介護品質の向上へ仕向ける市場モデル，すなわち「介護市場モデル」を提示する。次に，提示するモデルの妥当性を検証する。本モデルには対立する仮説があり，提示するモデルがそれらと矛盾しないことを明らかにする。

　第II部は，ヒューマン・サービスの質を測る指標として，プロセス型パフォーマンス測定を提示し，市場原理の活用に傾倒する近年の行政学理論の修正を行う。本研究は長く続いている低品質介護の問題が，現在主流のアウトカムに焦点を当てる「アウトカム型パフォーマンス測定」とそぐわないことを明らかにする。具体的には，明確な目標が必要なアウトカム型指標が，目標が曖昧になりがちなヒューマン・サービス供給に適合しないことを指摘する。その上で，プロセス型を用いた既存モデルの修正を試みる。

本書で提示する分析や発見を通じて繰り返される主張は次の2つである。
　①政府は市場をサービスの質の競争に仕向ける介護モデルを設計する必要がある。
　②政府はサービスのプロセスを注視するプロセス型パフォーマンス測定を取り入れる必要がある。
　上記の主張は以下の3つの論拠から成り立つ。ひとつは，政府は市場の競争性とサービスの質の担保を両立しなければならないことである。市場の競争性は必要な技術革新や対応の柔軟性を生み出すので，ヒューマン・サービス供給の持続可能性には不可欠な要素である一方，不十分なケアにつながるいわゆる「安かろう悪かろう」のサービスの存在を許容してしまう。政府は，ネグレクトや虐待につながる「安かろう悪かろう」を排除し，市場の競争性の「よい面」のみを生かすよう仕向けなければならない。2つ目は，政府は介護者のサービスの質についての情報を利用者に提供する必要があることである。ヒューマン・サービス市場において，利用者は通常，市場に存在する情報の非対称性のためにサービスの質に基づいてサービス提供者を選ぶことができない。3つ目は，政府はヒューマン・サービスには，従来のアウトカム型ではなく，プロセス型のパフォーマンス測定を導入する必要があることである。ヒューマン・サービスの政策目標は，「人生の安らかな老後」等，常に曖昧さを含むため，適切に評価するのが極めて難しい（Lipsky［1980］）。
　市場を通じたヒューマン・サービス供給の課題は，ヒューマン・サービスの本来のミッションと市場の性質との間にある「矛盾」に起因する。ヒューマン・サービスは人々の介護需要を含む最低限の生活を保証することを目的としている一方，ヒューマン・サービス供給には政府の高いモラル，すなわち「最低限のサービス水準を保証し，誰一人として悪いサービスによって苦しめられないようにする」という姿勢が不可欠であ

る。しかし，市場の本来の性質は，高価で高品質なサービスを生み出す一方で，安価で質の悪いサービスの存在を許してしまう。例えば，q をサービスの品質，p をサービスの価格とすると市場におけるサービスは $Y=x(p, q)$ と表すことができる。この式において市場ではとても良い品質からとても悪い品質まで幅広いサービスの質が共存する。これは一般の消費財に対しては受け入れられる事象だが，ヒューマン・サービスでは違う。

　もちろん，これまでも多くの政府が規制を設けて低品質のヒューマン・サービスを市場から取り除こうとしてきた。例えば，介護者−被介護者比率，苦情相談所，病院へのアクセス確保といった最低限の要求をサービス供給者に課し，それらを満たさない供給者の営業を停止にした。

　しかし，ネグレクトや虐待を含む低品質サービスは一向になくなってはいない。そもそも低品質を排除する以前に，それらを特定すること自体がとても難しい。質を測る究極的な尺度というのは存在しないのである（Donabedian［1987］）。しかも，測るべきものは時代によって異なる。例えば数十年前，介護者による身体的な虐待は「悪いサービスの質」のシグナルだった。しかし，今日それはもはや十分ではない。介護者による精神的虐待も含まれる。求められる介護は常に変化しているのである。

　政府はヒューマン・サービスの使命と市場の特性の両者を生かす必要があるが，適切な市場モデルとサービスを計る尺度はまだ確立されていない。このことが市場を通じたヒューマン・サービス供給が抱える課題の根源なのである。

1　高齢者介護の事例を研究する意義

　高齢者介護（以後「介護」）供給の事例は，このヒューマン・サービスの制度的課題を分析する上で，3つの点において最適である。第一に，OECD 加盟国のほとんどは増え続ける介護需要に対応するため介護供給を市場を通じて提供している。ほぼすべての先進国で介護は既にヒューマン・サービスのうち最大の利用者数を占めており，この傾向は今後数十年さらに増える見込みである。第二に，介護供給にはナショナル・ミニマムの観点から政府が強い意志で最低限のレベルの「質」を確保することが求められている。社会的弱者である高齢者，特に認知症を罹患した患者は，心身の制約から，低品質な介護に対して，断ったり不満を伝えたりする「消費者の権利」を行使することが困難な場合が多い。このような状況は，国民の誰もが人生の末期のいずれかで陥る可能性が非常に高い上，その期間は数ヶ月から場合によっては 10 年以上も続く。調査の対象が豊富な介護の事例研究からは，他のヒューマン・サービス分野に対しても多くの示唆が得られるだろう。第三に，介護の事例から得られる示唆は少なくとも今後数十年間は重要であり続ける。今日，市場を通じての介護サービス供給の課題に直面している国は，人口高齢化に直面する先進国（すなわち OECD 加盟国）に限られるが，その他の多くの国々も近い将来同様の課題に直面することが予測される。例えば，東アジアの人口高齢化は OECD 諸国が経験したものよりもさらに速い速度で進展している。表序-1 は中国，香港，シンガポール，台湾，マレーシア，インドネシアといった東アジア諸国・地域が「高齢化社会」から「高齢社会」に移行する速さを，先進諸国と比較したものである。

表序-1 東アジアにおける高齢化社会から高齢社会への転換

	高齢化社会（65歳以上人口が全人口の7％以上）に達した年	高齢社会（65歳以上人口が全人口の14％以上）に達した年	経過年数
香港	1983	2014	31年
台湾	1993	2018	25年
シンガポール	1999	2016	17年
中国	2002	2026	24年
タイ	2002	2024	22年
マレーシア	2020	2043	23年
インドネシア	2018	2039	21年
先進国*	1950**	2000	50年以上
OECD平均	—***	2006	—

注）＊United Nations［2008］の定義では，先進国とは，ヨーロッパ全域，北米，オーストラリア，ニュージーランドおよび日本を指す。＊＊高齢者人口の割合はこの年既に7.9％だったが，1950年以前のデータが利用できなかった。＊＊＊最も古いデータは1970年で高齢化率は9.6％であった。
出所）United Nations［2008］, OECD［2009］.

2　日本の事例を研究する意義

　本書はOECD加盟国の様々な事例を取り上げるが，焦点を置くのは日本の事例である。これには3つの理由がある。第一に，日本は人口高齢化のフロントランナーである。図序-1に示したように人口に占める高齢者の割合は日本が一番高く，その地位は今後数十年揺らぐことはないと予測されている。これは，わが国が市場を通じた介護供給の課題に最も真剣に取り組まなければならないだけでなく，日本の事例が世界各国から注目を集めている状況にあることを意味している。
　第二に，日本はこのチャレンジに概ねうまく対処している。実際，第1章の表1-2からわかるように，日本の介護支出は，データがやや古いせいもあるが，他のOECD諸国と比べても多くはない。これは，わが

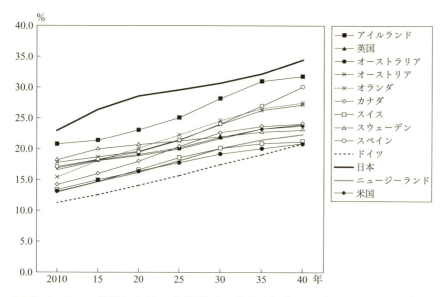

図序-1 OECD諸国における高齢者（65歳以上）人口が全人口に占める割合（2010〜40年）

注）介護サービス利用者のほとんどが超高齢者（80歳以上）のグループに属している（OECD [2005]）。
出所）United Nations [2012]。

国が介護供給において市場の革新性と柔軟性を効果的に活用していることを意味する。さらに，Wiener et al. [2007] の介護の質の比較調査によれば日本の介護は比較対象国中最も「質」における問題が少ないとみられている。日本政府は市場における介護の質の確保にもある程度成功していることが窺える。

　第三に，これまでの研究で介護市場モデルに言及したものはほぼ皆無である。市場を通じた介護供給において日本がよいパフォーマンスを示しているにもかかわらず，日本のモデルを調査する先行研究はほとんど存在せず，先行研究の大部分が米国の事例研究に集中している。

3　研究デザインと手法

　政府がヒューマン・サービスの目的と市場の特性をどのように両立させるかを考察する上で，本書はモデル検証型のアプローチをとる。特に，第 I 部では市場競争をサービスの質向上への取り組みへと仕向ける新たな市場デザイン「介護市場モデル」を提示する。本書はさらに日本の介護市場を分析することにより，「介護市場モデル」の実装可能性，有効性，そして財政的持続可能性を検証する。第 II 部もモデルを提示し，検証する。すなわち，プロセス型業績測定モデルを提示し，その適用可能性と財政的持続可能性を確認する。

　本書はこのように経済学や行政学等の枠組みを超えた分野横断型の検証を行うので，必然的に定量的および定性的手法の両方を併せて用いる。使用する手法は各章においてまとめてある。

　第 I 部は 5 つの異なる手法から成る。第一は，介護市場モデルの適用可能性を検証するため OECD 加盟国のサーベイから，介護市場モデルが適用できる条件に合う市場を探る。第二は，条件に合う市場を見つけた後，その市場を Yin［2002］が提示したケーススタディ・メソッドを用いてさらに考察する。第三は，介護市場モデルの有効性を検証するために，回帰分析を用いて介護市場モデルの対立仮説をテストする。この定量的手法では，日本の自治体によって公表される 1,093 のグループホームのサービスの質の情報とサービス供給者の様々な変数を用いる。両者の分析により，対立仮説の妥当性と介護市場モデルの有効性を検証する。第四は，介護市場モデルの財政的持続可能性を検証するために再び OECD 諸国のサーベイを行う。各国の財政情報を分析し，介護市場モデルの持続可能性のための条件を検証する。第五は，追加的議論として，「レバレッジ・モデル」と名付けたモデルを提示する。このモデルは介

護市場モデルの導入条件を満たさない市場に対して提案するものである。

　第II部でも，本書は複数の手法を用いる。第一に，プロセス型パフォーマンス測定モデルの適用可能性を検証するために，同モデルを採用する日本のケースと，異なるモデルを用いる米国のケースを比較する。第二に，プロセス型パフォーマンス測定モデルの有効性と財政的持続可能性を検証するために，日本の市場により深く焦点を当てて分析する。

4　研究対象分野

　ヒューマン・サービスの定義は変化している（Schmolling, Youkeles and Burger [1997], Zins [2001]）が，今日におけるヒューマン・サービスのコンセプトは社会福祉サービスと同義あるいはその一部である。Zins [2001] はヒューマン・サービスを「生活の質を維持または向上させるのに必要な〔中略〕ヒューマン・ニーズを満たす」ことを目的とした「施設によるシステマティックなサービス（institutionalized systematic services）」であると定義した。ヒューマン・サービスはチャイルド・ケア，ヘルス・ケア，高齢者介護，障害者介護，そして家族支援を含む。事実，それらのサービスをヒューマン・サービスの名の下に行っている政府も複数存在する（例えば，オーストラリア政府のヒューマン・サービス・デパートメント，そして米国政府のヘルス・アンド・ヒューマン・サービス・デパートメント）。本書はしかし，特にこの中で高齢者介護の分野について扱う。

　介護とは長期にわたり基本的な日常生活行動（Activities of Daily Living, ADL）に助けが必要な人のための様々なサービスの総称である。ADLは入浴，着替え，食事，寝起き，移動，排尿・排便を含む。こうした行動の介助の必要性は肉体的・精神的な障害に起因する慢性疾患によるも

のである。多くの先行研究に倣い，本書は介護を入院，医療診断，薬の処方等の医療サービスと区別する。

　介護は必ずしも高齢者に対するものだけを意味するわけではないが，高齢者のケアと介護の両者は密接に関わっている。確かに OECD 加盟国の多くで，年齢は公的介護プログラムを受ける条件ではないが，OECD［2005］によれば「およそ，居宅介護サービスの 80％と施設介護サービスの 90％の利用者が 65 歳以上」であり，「介護」と「高齢者のケア」はしばしば同義語として用いられる。

　本書の重要な研究対象である，ヒューマン・サービスを供給する「市場」は供給者同士の「競争」を可能にするが，それは必然的に制限される。完全市場では，ヒューマン・サービス供給の目的である「利用者の最低限の生活水準」が保証されないことが明らかだからである。市場競争の制限には 3 つのレベルがある。競争緩和契約（Competitive Tendering and Contracting, CTC），ライセンス補助（License Subsidies, LS），そして CTC と LS を組み合わせたハイブリッドである。それぞれの定義は文献によって多少異なるが，Davidson［2009］によれば CTC においては，政府が想定するユーザーのために供給者を選別するが，LS では誰でも仕様を満たせば（つまりライセンスを取得すれば）供給者として市場に参入できる。ハイブリッドは文字通り CTC と LS を組み合わせたものである。

　需要が大きければ大きいほど，政府は多くの供給者を認定しなければならなくなる。介護市場において，人口高齢化の進む OECD 加盟国のほとんどはライセンス補助制度を導入しており，そのほかの国もそれに追随すると考えられる。

5 構成と論点

　本章の冒頭に述べたように，本書は市場を通じたヒューマン・サービス供給において政府が一定のサービスの質を確保する必要があると主張する。これには3つの二次的な論拠がある。すなわち①政府は市場の競争性とサービスの品質を両立させる必要がある，②政府はサービス供給者のサービス品質に関する情報を利用者に提供する仕組みを作る必要がある，③政府はヒューマン・サービス供給のためのプロセス型業績測定を導入する必要がある。

　第1章は市場を通じたヒューマン・サービス供給を歴史的，理論的に概説する。まず，政府が責任を持ってヒューマン・サービス供給を確保しなければならない理由を概観し，次にヒューマン・サービスの起源をたどりながら，ヒューマン・サービス供給に対する政府のコミットメントの変遷を調査する。今日の民主主義制度が，なぜヒューマン・サービス供給を通じた「最低限の生活水準の保証」を政府に求めているのかという議論もここに含まれる。さらに，市場を通じてヒューマン・サービスがどのように供給され，政府がそのなかでどのように「質」を確保しようとしてきたかを概観し，結論として，今日の課題は次の2点に収斂される。すなわち，①市場の競争を介護サービスの質の競争へと向ける介護モデル，そして②供給者の介護サービスの質を評価・規制する業績測定である。

　第2章～第5章から成る第Ⅰ部は介護供給のための市場設計について検討する。市場は本質的に，低品質のサービスの存在も許容してしまうため，本パートでは，そのような低品質サービスを市場から取り除くために政府が既存のモデルにどのような修正を加えたらよいかを分析する。特に，低品質サービスを取り除くために，市場競争をサービスの質を高

めるものへと仕向けることに焦点を置く。

　第 2 章は本書の提示する「介護市場モデル」を紹介する。市場を通じたヒューマン・サービス供給のためのモデルは極めて重要であるにもかかわらず，先行研究では OECD 加盟国の約半数で採用されているサービスの所謂「ユニバーサル給付」を前提とした市場のモデルの提示がほとんどされてこなかった。これは先行研究のほとんどが，「低所得者のみへの給付」を前提とした，入手しやすい米国のデータに頼ってきたためである。しかし，米国で発展した現行の介護モデルには複数の致命的な欠陥がある。第一に，米国の家計調査に基づく公的介護プログラムである「メディケイド」は，給付率が介護の必要性から独立しているため，利用者は介護の質に対して必ずしも関心を払わない弱点がある。第二に，既存モデルは価格競争の要素を含んでいるため，低品質のサービスが市場に残ってしまう。さらに，このモデルでは，介護サービスの質を規制するとサービス価格が上昇し，低所得者が介護を受けられない事態になるため，品質規制の有効性も限られてしまう。したがって，第 2 章は低品質の介護サービスを市場から取り除くために，市場をより良い品質のサービスへと競わせるよう導く「介護市場モデル」を提案する。このモデルは 3 つの条件を必要とする。すなわち，ⓐ介護サービスのユニバーサル給付，ⓑ利用者（被介護者）の状態ごとに標準化された介護サービス，ⓒ価格不競争である。次の 3 章は介護市場モデルをそれぞれ，実装可能性，有効性，そして財政的持続可能性の面から検証する。

　第 3 章は介護市場モデルの実装可能性を分析する。日本の介護市場，とりわけ認知症対応型共同生活介護（以後「グループホーム」）がその要件を満たしていることを明らかにする。つまり，グループホーム市場において，被介護者の要介護度に応じて標準化された介護サービスは，価格競争を制限された上で，ユニバーサル給付の枠組みで市場に供給されているのである。

第4章は介護市場モデルの有効性を検証する。医療経済学の先行研究には利用者と供給者の間の情報の非対称性をもとにした3つの仮説があり，介護市場モデルの効用と矛盾する。この3つのモデルはすなわち下記である。

　①供給者のサービスの質についての知識がない利用者が，供給者が「非営利団体」であることを，良いサービスの目安として捉える「契約の失敗仮説」。

　②介護市場の競争が市場の介護サービスの質をむしろ低下させるという「メディカル・アームス・レース（MAR）仮説」。

　③市場の新規参入者が市場サービスの質向上に貢献しないとする「佐竹・鈴木仮説」。

　本書はこれら情報の非対称性をもとにした仮説を検証し，日本のグループホーム市場ではそのどれもが成り立たないことを明らかにする。結果として介護市場モデルは市場競争を，市場にある介護サービスの質を向上させる方向に働かせることが可能であることが示される。本章の発見は「供給者の介護の質評価を公表」することが，第3章で述べた介護市場モデルの4つ目の条件として加えられるべきであることを示唆するものである。

　第5章の前半は介護市場モデルの財政的持続可能性について検証する。介護市場モデルは，ユニバーサル給付（すなわち，「経済的困窮者」のためのケアではなく「すべての人」のためのケア）を条件のひとつとしていることから，政府にとって非常にコストのかかるモデルに見える。しかしながら，80歳以上高齢者人口の割合に占める公的介護支出と介護制度の相関を分析すると，ユニバーサル給付は，所得の低い人のみへの給付に比べて必ずしも費用が高いわけではない。本章はさらに，国内の所得格差の大きさが，介護供給の財政的効率性に多大な影響を与えていることを明らかにする。つまり，たとえ政府がユニバーサルに人々の介護

支出をカバーしたとしても，公的介護支出は，国内の貧富の差が小さく保たれている限り，小さく抑えられるのである。

　第5章の後半は，すぐにユニバーサル給付を実現できない政府（すなわち，国内に大きな所得格差を抱えた政府）のために，当面の代替策としてレバレッジを用いたケア品質改善のモデルを提案する。介護の質の指標の相関を分析し，レバレッジを用いたモデルは改善したい指標に大きな影響を与える，比較的容易に改善できる指標を特定する。したがって，レバレッジを持つ改善しやすい指標にリソースを割けば，効率的に介護の質を向上させることができる。

　前述のように第I部は政府が介護市場モデルを用いて市場競争をケア品質の向上に仕向けることができることを明らかにするので，第II部ではそもそもケア品質をどのように測るか，すなわち業績測定について考察する。

　第6章は既存の公共政策モデルに対する介護政策モデルを提示するとともに，新たなプロセス型業績評価手法を提示する。特に第7章では既存のアウトカム型業績評価手法と新たなプロセス型業績評価手法を比較し，両手法の弱点を明らかにする。プロセス型業績評価手法は，既存の公共政策モデルに適合せず，長らく注目を集めることがなかった。一方で，現在の公共政策モデルに合致したアウトカム型業績評価手法は，ヒューマン・サービスにおいては，特有の政策目標の曖昧さに適合しない。ケア品質の課題を解決する点ではプロセス型業績評価手法が優れているという立場から，本書はプロセス型業績評価手法を採用するために，既存の公共政策モデルを修正する介護政策モデルを提示する。介護政策モデルの下でのプロセス型業績評価手法はケア・ワーカーの取り組み（つまり，ケア提供のプロセス）および訓練から成る。次の2つの章はそれぞれ，ケア・ワーカーの取り組みと訓練の実証的有効性について検証する。

第7章は介護政策モデル下でのプロセス型業績評価手法とケア・ワーカーの取り組みについて分析する。そのために，本章は特に2つの市場を比較する。すなわち，前述のプロセス型業績手法を採用する日本の介護市場と既存のアウトカム型業績評価手法を採用する米国の介護市場である。2つの市場を分析し，政府が介護政策モデルの下でプロセス型業績評価手法を採用する場合の方が，介護市場がケア品質において良い結果を示すことを証明する。

　第8章はプロセス型業績評価手法に必要な訓練の種類について考察する。OECD加盟国のなかでは，米国と日本のみが国家レベルでケア・ワーカーに訓練を課している。両国を分析することで，ケア・ワーカーの訓練には主として2つのフェーズがあり，両フェーズがそれぞれケアの質を担保するうえで役立っていることを明らかにする。すなわち，フェーズ1が，明らかなケア・ニーズに対するサービスの質を，適切なケアの心的態度と身体的技能（例えば，被介護者を抱えて移動させる技術）を確かなものにすることによって，標準化する。フェーズ2は，ケア・ワーカーに被介護者の心の動きを読み取る方法を教え，被介護者の隠れたケア・ニーズを汲み取るためのコミュニケーション技術を磨くことによって，潜在的なケア・ニーズに対応することを可能にする。したがって，フェーズ2の訓練はプロセス型業績評価手法の利用がより適切である。確かに，フェーズ2の訓練は，多くの時間や費用等のリソースを必要とするので，その持続可能性が懸念される。しかし，本書は日本のケア・ワーカーに，現場の知識や経験を活かすキャリアパスを提示することで，現場の経験が介護政策全体に行き渡りやすくするとともに，優秀なケア・ワーカーを確保する仕組みの重要性を指摘する。

　第9章は，ケア・ワーカーの訓練により汲み上げたケア・ニーズを，産業政策に活用する仕組みについて考察する。介護市場モデルの持続可能性を担保する政策について考察し，その仕組みと財源，さらに日本の

介護市場の課題についても言及する。

　終章は，本書の考察を日本発の「介護市場の経済学」としてまとめる。本書で提示した，介護市場モデルと介護政策モデルをレビューし，論点を整理することで，本章は本書で提示したモデルが本書の研究課題の解となることを明らかにする。本書の学術的貢献を整理し，既存の政策モデルに対するインプリケーションを明確にし，最後に積み残した将来の研究課題について述べる。

第1章

市場を通じた介護サービスの供給

　ヒューマン・サービス市場の研究は，主として市場供給の効率性を評価するか，あるいは結果として生じ得るケアの質の低下を懸念するかに分かれる。今日の政府が，技術的にも財政的にも必要なサービスを直接供給する余裕がないことを根拠に，ヒューマン・サービスの市場を通じての供給は不可欠なトレンドであるという意見がある。一方で，こうした市場の活用は，利潤最大化の競争を生み，（たとえごく一部でも）サービスの質を犠牲にし，被介護者の生活の質を著しく毀損するとの指摘も多い。つまり，既存の研究は，ヒューマン・サービス供給の市場活用において矛盾した結論を導き出している。一層の分析が必要な証左である。

　本章は，先行研究をレビューし，未解決の課題を特定する。大多数の研究が，既存の公共政策モデルを用いて，ヒューマン・サービスの特性を市場に適応させようとしているのに対し，既存のモデルをヒューマン・サービスの特性に合わせる提案を試みる研究はほとんどない。確かに，市場の特性をもととした理論体系は，他の多くの公共サービスの市場供給において非常に有効であり，サービスの品質を下げることなく，供給の効率性を高めることに成功してきた[1]。したがって，研究者たち

---

1) 例えば，Gomez Ibanez and Meyer［1993］および Li anx Xu［2004］の研究を参照。

が，ヒューマン・サービスの品質問題も政府の規制で解決できると考えるのは一理ある。しかしながら，ヒューマン・サービスの特性は他の公共サービスの特性とは大きく異なる。そのような対症療法は，過去数十年間を振り返って成功しているとはとても言えない。したがって，本書は既存の公共政策モデルをヒューマン・サービスの特性に合わせて修正する立場をとる。

本章の議論は次のように展開する。第一に，そもそも政府がなぜヒューマン・サービスの供給について責任を負うのか，そして供給主体がどのように政府から市場へとシフトしていったのかを概観する。さらに，低品質サービスの問題の顕在化と政府の対応を，特に介護に焦点を当てて説明する。長年の課題となっている品質問題の原因を分析し，市場活用，行政学理論，そしてヒューマン・サービスの特性の間にある根源的な不調和について議論する。

1　ヒューマン・サービスへの政府の介入の歴史的背景

市民の権利としてのヒューマン・サービスのコンセプトは，福祉国家すなわち「ゆりかごから墓場まで」責任を持つ国家の概念に起因する。このコンセプトを理解するには，国家がどのようにして人々の最低限の生活水準に責任を持つようになったかを理解することが重要である。本節はこのコンセプトの歴史的背景について概観する。

はるか昔から，社会福祉の供給は，ユダヤ教，キリスト教，イスラム教，仏教等相互扶助を訴える宗教と密接に結びついてきた。そのような宗教は社会的弱者を救済することの大切さを説いた。実際，今日でも多くの慈善団体の歴史はこうした宗教団体にルーツを持つ。ザカートは救貧税のコンセプトで，イスラム教の五行のひとつである。聖徳太子が西

暦 593 年に大阪に建てたとされる四箇院[2]は，日本最古の社会福祉施設とされ，仏教の影響を強く受けている。欧州では，キリスト教会が社会福祉の担い手として機能した。中世では，このように宗教は世界の広い範囲で社会福祉の供給に重要な役割を果たした。

しかし，16 世紀の宗教改革を契機に，欧州では社会福祉の分野で国家の介入が少しずつ始まった。マルティン・ルター（Luther［1520］）は勤労の重要性を強調するとともに，物乞いの存在を否定的に捉え，ジャン・カルヴァン（Calvin［1536］）は，聖書のフレーズ「働かざる者，食うべからず[3]」を引用し，無原則な「福祉」を批判した。プロテスタントが多くの欧州諸国で影響力を増すにつれ，こうした考えは人々の社会的弱者に対する捉え方を変えていった。結果として，国家はこうした経済的弱者を救済する福祉に介入し始めたのである。1601 年英国のエリザベス救貧法は社会福祉の初めての法律とされる。「福祉」の概念は同様に 1971 年のフランス憲法[4]にも加えられた。こうした法制化の動きは欧州の外にも波及し，例えば日本では，1874 年に社会福祉に関する初めての法律である恤救規則[5]が制定されている（粕野［1997］）。

社会福祉における政府の介入は，19 世紀および 20 世紀に工業国政府の制度が民主的になるにつれて発展した。表 1-1 にあるように，政治制度は多くの国で徐々に民主主義的になり，それにつれて社会的弱者の声が政治に影響力をもたらすようになった。例えば，男子参政権導入直後の 1883 年に，ドイツ政府は労働者に対し，健康保険制度を導入することを決定し，強制加入の事故保険と退職年金も続いて法制化された。こうした法制化は政府の，経済的弱者のみならず，一般市民の社会福祉へ

---

2) 建立年については異論もある。
3) 新訳聖書「テロニケの人々への第二の手紙」より。
4) 同憲法は社会福祉の公的介入に言及している。
5) この規則は国民を感化するためのものであった。政府は具体的に責任を負うものではなかったが，近代日本の政府では初めての社会福祉の課題に対する介入であった。

表 1-1　主要国の普通選挙権導入
(年)

国	男子参政権	女子参政権
フランス	1848	1944
米　国	1870	1920
ドイツ	1871	1919
英　国	1918	1928
日　本	1925	1945

の介入の幕開けでもあった。

　政府の社会福祉供給は，20世紀前半の2つの歴史的出来事により一層深化した。まず，世界恐慌が多くの国で福祉国家[6]の成立を後押しした。米国では，ニューディール政策の一環として，1935年に社会保障法が成立し，高齢者，目の不自由な人，そして扶養の子供に対して連邦政府が財政的支援を開始した。日本では，1938年に，特に恐慌等による一時的な生活困窮者を救済する目的で社会事業法が制定された。1930年代までに，ほとんどの工業先進国が健康保険と年金制度を保持するに至った。こうしたトレンドは共産主義と資本主義の間の「中道（the middle way）」と評された。さらに，1942年には，英国のベバリッジ報告書で「ゆりかごから墓場まで」の包括的な社会福祉のあり方が提唱された。次に，第二次世界大戦後に，戦後の復興を目的に多くの国で，「ゆりかごから墓場まで」の福祉プログラムが採用された。英国では国民保険法，国民保健サービス法が1948年に施行され，日本では1947年に児童福祉法，49年に身体障害者福祉法が制定された。

　ただし，すべての政府が同様に社会福祉制度を導入したわけではない。エスピン＝アンデルセン（Esping-Andersen［1990］）は政府の介入の度合いに応じて，福祉国家の3つの主要なタイプを提唱している。すなわち，リベラル，コンサバティブ，そして社会民主であり，それらは典型的にそれぞれ，米国，ドイツ，スウェーデンの例に代表される。一方で，非政府団体（主として慈善団体）は引き続き，多くの国で社会福祉の重要な供給主体として君臨し，非営利団体も同様に社会福祉の供給に対して

---

　6) 福祉国家という言葉は，連合国によって枢軸国に対比する言葉として用いられた（Megginson and Netter［2001］）。

重要な役割を果たしている。

しかしながら，今日，ほとんどの政府は国民の最低限の生活水準に責任を持つものと考えられている。経済協力開発機構（OECD）は1960年に「最上の持続可能な経済成長と雇用，そして加盟国の生活水準の向上を志向する」ことを目的に設立された。さらに，福祉に関係する，世界保健機関（WHO）や国連児童基金（UNICEF）等の国際機関は，福祉国家の考えをグローバルに啓蒙している。他の社会福祉サービスとともに，こうした団体はヒューマン・サービスの供給が政府の責任となるに至るのに多大な貢献をしてきた。

増大する需要に伴い，この時期ヒューマン・サービスの市場を通じた供給も始まったが，政府のヒューマン・サービス供給への介入は続いた。Davidson [2009] は政府がヒューマン・サービス市場に介入を続けた理由を次のように記している。第一に，ヒューマン・サービスの目的は人々の基本的なニーズを満たすことである。低品質のサービス供給を避け，すべての人々に最低限のサービス・レベルを確保するために，高いモラルと公共性が必要である。第二に，ヒューマン・サービスは，利用者に応じた，カスタマイズ性が必要である。つまり，サービスを供給する側はこの点において，非常に大きな裁量を持っている。サービスの標準化は困難で，それは効果測定が困難なことに繋がる。第三に，ヒューマン・サービス市場では，供給者と利用者の間に情報の非対称性が存在する。日用品等の財と異なり，介護等のサービスの内容や質は外部からの評価が難しく，特に一般市民にはわかりにくい。最後に，ヒューマン・サービスの利用者の多くが必要なサービスを購入するために限られた予算しか持ち合わせていないことである。

2 市場を通じたヒューマン・サービス供給の一般化

　本節は本書が焦点を当てるケア品質の問題が作り出された要因について説明する。介護の例をもとに，市場を通じた供給において政府がケアの質を維持するために払ってきた努力と，それらが実を結ばない問題について述べる。
　OECD諸国は現在，介護供給に多大な資金を投じている。表1-2はやや古いデータだが，介護支出の国内総生産（GDP）比で，公的および民間介護支出がどの程度に膨らんでいるかを示している。総支出は，一番少ないメキシコで0.2％，一番多いスウェーデンでは実にGDP比3％にまで及んでいるが，多くの国はGDP比0.5％から1.6％の範囲である。
　OECDのほとんどの国では，介護支出の多くは公的な支出である。図

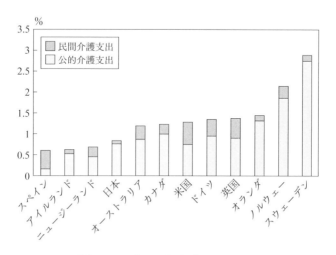

図1-1 公的・民間介護支出の比較

出所）表1-2。

表 1-2　公的・民間介護支出の GDP 比

	合計支出			公的支出			民間支出		
	ホームケア	施設	合計	ホームケア	施設	合計	ホームケア	施設	合計
オーストラリア	0.38	0.81	1.19	0.30	0.56	0.86	0.08	0.25	0.33
オーストリア	n.a.	n.a.	n.a.	n.a.	n.a.	1.32	n.a.	n.a.	n.a.
カナダ	0.17	1.06	1.23	0.17	0.82	0.99	0.00	0.24	0.24
ドイツ	0.47	0.88	1.35	0.43	0.52	0.95	0.04	0.36	0.40
ハンガリー	< 0.10	< 0.20	< 0.30	n.a.	n.a.	< 0.20	n.a.	n.a.	< 0.10
アイルランド	0.19	0.43	0.62	0.19	0.33	0.52	0.00	0.10	0.10
日本	0.25	0.58	0.83	0.25	0.51	0.76	0.00	0.07	0.07
韓国	n.a.	n.a.	< 0.30	< 0.10	< 0.10	< 0.20	n.a.	n.a.	n.a.
ルクセンブルグ	n.a.	n.a.	n.a.	0.15	0.37	0.52	n.a.	n.a.	n.a.
メキシコ	n.a.	n.a.	< 0.20	n.a.	n.a.	< 0.10	n.a.	n.a.	< 0.10
オランダ	0.60	0.83	1.44	0.56	0.75	1.31	0.05	0.08	0.13
ニュージーランド	0.12	0.56	0.68	0.11	0.34	0.45	0.01	0.22	0.23
ノルウェー	0.69	1.45	2.15	0.66	1.19	1.85	0.03	0.26	0.29
ポーランド	0.35	0.03	0.38	0.35	0.03	0.37	n.a.	0.00	0.00
スペイン	0.23	0.37	0.61	0.05	0.11	0.16	0.18	0.26	0.44
スウェーデン	0.82	2.07	2.89	0.78	1.96	2.74	0.04	0.10	0.14
スイス	0.20	1.34	1.54	n.a.	n.a.	n.a.	n.a.	n.a.	n.a.
英国	0.41	0.96	1.29	0.17	0.58	0.74	0.16	0.39	0.54
米国	0.33	0.96	1.29	0.17	0.58	0.74	0.16	0.39	0.54
平均	0.38	0.88	1.25	0.35	0.64	0.99	0.06	0.19	0.24

注）ハンガリー，韓国，メキシコおよびポーランドのデータはおおよその値を概算したものである。オーストラリア，ノルウェー，スペインおよびスウェーデンのデータは65歳以上を対象としている。表中の「n.a.」はデータが利用可能でないことを示している。比較可能性を担保するためにすべてのデータは2000年当時のものである。また，「平均」にはオーストリア，ハンガリー，ルクセンブルグ，韓国およびメキシコを含んでいない。
出所）OECD［2005］．

1-1 からわかるように，スペインを除き，すべての国で公的支出が民間支出を上回っている。

　国際的には，介護支出は，人口に占める超高齢者（80歳以上）が全人口に占める割合に相関する。OECDの介護支出データを用いて，図1-2では介護支出がGDPに占める割合と80歳以上人口が全人口に占める割合をプロットしている。

　興味深いことに，図1-3にあるように，支出と65歳以上高齢者人口率との相関はやや弱い。これは高齢者の中でも，実際に介護が必要な人のほとんどが80歳以上である（OECD［2005］）ことによる。

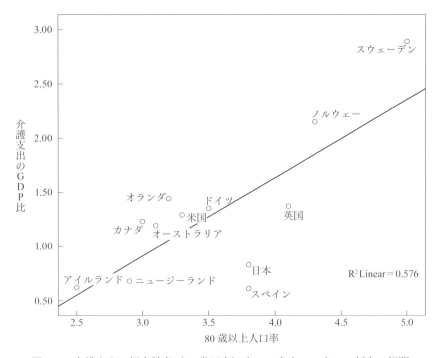

図1-2 介護支出と超高齢者（80歳以上）人口が全人口に占める割合の相関

注）OECD［2005］では超高齢者（very old people）という単語は80歳以上の人口を指している。
出所）表1-2およびUnited Nations［2012］．

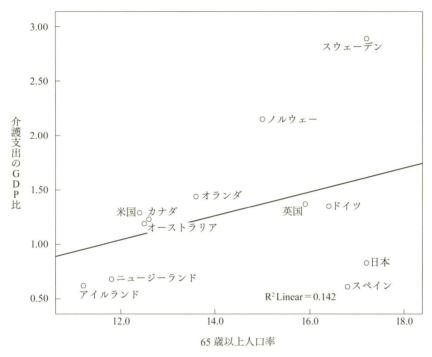

図 1-3 介護支出と高齢者（65歳以上）人口が全人口に占める割合の相関
出所）表 1-2 および United Nations［2012］.

　80歳以上の超高齢者が全人口に占める割合は拡大すると予測されているため，介護支出も同様に拡大する。図 1-4 は 2010 年から 2040 年までの，全 OECD 加盟国の 80 歳以上人口率を示している。2010 年から 40 年の間に年齢 80 歳以上人口率が 6.3％から 14％に急増する日本は，明らかにこの問題への対処を急がなければならない。程度の差こそあれ他の国も同様である。オーストラリアは 2000 年に 3.9％から 2010 年には 7.8％になり，米国は同時期に 3.8％から 7％になった。スピードに違いはあれ，OECD 平均で 80 歳以上人口率は 2040 年までに 7.7％に達する見込みである（OECD［2005］）。

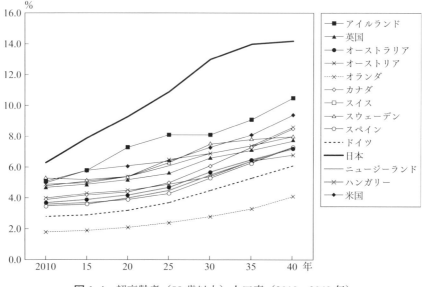

図 1-4　超高齢者（80 歳以上）人口率（2010〜2040 年）
出所）United Nations［2012］.

　成長を続ける介護需要に対応する課題は，生産年齢人口が相対的に少なくなっていくなかでの解決が必要とされている。ほとんどの OECD 加盟国において，20 歳から 64 歳までの人口に対する 65 歳以上人口の割合は増え続けている。表 1-3 が示すように，この高齢者人口依存比率は増え続けることが予測されている。このことは次の二点を意味する。すなわち，①高齢者をより少ない人々で支える，②（税金を払う主体である）生産年齢人口比率の減少により，介護支出に使える予算が限られる，以上のことである。政府は介護供給においてより効率的になる必要がある。
　しかし，こうした人口動態にはポジティブな側面もある。Knichman and Snell［2002］は，（世話のかかる）子供の数が減少することは高齢者が増加する効果の幾分かを相殺すると述べている。さらに，65〜74 歳

表 1-3 高齢者人口依存率（20〜64 歳人口に対する 65 歳以上人口の比率, 1960〜2040 年）

	1960 年	2000 年	2040 年	変化率（%）	
				1960〜2000	2000〜40
アイスランド	16.1	20.4	41	4.3	20.6
アイルランド	22.4	19.2	37.7	−3.2	18.5
イタリア	15.9	29.1	63.9	13.2	34.8
英国	20.1	26.9	46.3	6.8	19.4
オーストラリア	15.8	20.7	43.8	4.9	23
オーストリア	21.1	25.1	59	4	33.9
オランダ	16.9	21.9	48.1	5	26.1
カナダ	14.7	20.3	43.6	5.6	23.2
韓国	6.4	11.4	43.5	4.9	32.1
ギリシャ	14.0	28.3	57.9	14.3	29.6
スイス	17.6	24.9	63.9	7.3	39
スウェーデン	20.2	29.5	46.7	9.3	17.2
スペイン	14.5	27.2	55.7	12.7	28.5
スロベキア	12.8	18.8	39.4	6	20.6
チェコ	15.2	21.9	47.8	6.8	25.9
デンマーク	19	24.1	44.4	5.2	20.3
ドイツ	—	26.4	54.5	—	28.1
トルコ	7.5	10.7	23.9	3.1	13.2
日本	10.6	27.9	59.9	17.4	31.9
ニュージーランド	17	20.1	48.2	3.1	28.1
ノルウェー	19.8	25.7	42.9	6	17.2
ハンガリー	15.5	24.5	38.4	8.9	13.9
フィンランド	13.4	24.6	49.8	11.2	25.1
フランス	20.8	27.5	50	6.7	22.5
米国	17.6	21.1	37.9	3.4	16.8
ベルギー	20.4	28.2	51.2	7.7	23
ポーランド	11.1	20.3	41.1	9.2	20.8
ポルトガル	14.5	26.7	46.3	12.2	19.6
メキシコ	11.3	9	26	−2.4	17.1
ルクセンブルグ	17.6	23	36.9	5.4	13.9
OECD 平均	15.9	22.9	46.3	6.9	23.5

注）ドイツの 1960 年は統一前のデータのため 2000 年との比較はできない。
出所）OECD［2005］.

世代の人は「高齢者」とはいっても，実際に介護が必要な人は多くない上，この世代で介護を提供したり，若者や後期高齢者を指導する人の割合は高まっていくと考えられる。「高齢者」世代の一部が介護を提供する側に回ることで，懸念される高齢者の「比率」は改善され得るのである。

　しかしながら，こうしたポジティブな側面の活用も，伸び続ける平均寿命によって無力化されるかもしれない。特に高齢者の死亡率の低下による人口動態予測は正しく理解されているとは言えない（OECD [2005]）。過去，人口統計学者と保険数理士は寿命の予測を常に過小評価してきた（Cutler and Maera [2001], Wilmoth [1998]）。したがって，後期高齢者人口の依存比率は予想よりも高くなることさえ十分にあり得る。

　人々のライフスタイルの変化も介護需要が高まる要因となり得る。この変化は，ほとんどの国で，核家族化，高齢者の長生き，家族の居住地域の分散，そして女性の高学歴化と社会進出といった形で表れている（図 1-5）。若者はもはや高齢の家族の介護をする余裕がなくなってきているのである。

　確かなことは，OECD 加盟国において，介護の需要は今後も高まり続けるということである。政府は限られた予算でこの増加する需要に対応していかなければならない。

　介護の市場供給はおおむね 1960 年代半ばに始まった。一般的に，1980 年代の米国が市場活用を先導し，以降英国，ドイツ，日本を含む他の政府が少しずつ市場化を導入していった。市場供給される介護サービスは，今後も増加していくだろう。表 1-4 は，主要国の介護の市場供給における主な出来事をリスト化したものである。

　米国では，市場の活用はレーガン政権下で大きく進んだ。在宅およびコミュニティ・ケアに関する規制が減らされ，メディケアやメディケイドの適用範囲は広がった。以降，ナーシング・ホームの市場は 1986 年

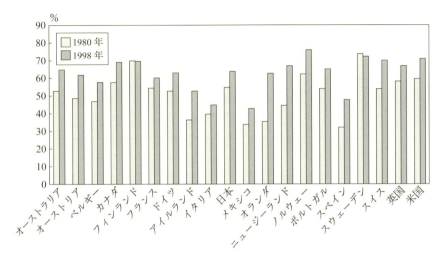

図1-5 女性労働参加率（女性労働者〔全年齢〕の全女性人口〔15～64歳〕に対する比率）

注）チェコ共和国，デンマーク，ハンガリー，アイスランド，韓国，ポーランド，トルコのデータは利用できなかった。また，1980年のドイツのデータは旧西ドイツのものである。
出所）OECD Labour Force Statistics [2000].

から95年の間に9.5％拡大し，ホーム・ケアの市場は同時期に19.6％増加した（MHLW [2000]）。

伝統的に地方自治体が介護を提供していた英国では，1992年に始まったコミュニティ・ケア改革によって変化を迎えた。従来の自治体の直接提供から非政府セクター（民間企業や非営利団体）からのサービスの購入へと制度が変化した。地域政府のケア・マネージャーが，介護が必要な人のニーズについて審査し，包括的な介護プランを準備した後で，非営利セクターが実際のサービスを提供する仕組みが主流となっていった（MHLW [2000]）。

ドイツでは，歴史的に，高齢者介護は主として，赤十字やカリタスを含む6つの慈善団体によって供給されてきた。政府は彼らに財政的支援を与え，6つの慈善団体の介護市場の占有率は50％を超えている。し

表1-4 主要国の介護政策の歴史における主な出来事（1965～2000年）

年	国	出来事
1965	米国	メディケア，メディケイドの成立 メディケイド（低所得者のための医療サポート）が民間を含むナーシング・ホーム料金のサポートを開始
1966	オーストラリア	連邦政府が民間を含むナーシング・ホームに対する助成を開始
1969	米国	住宅・都市開発省が民間を含むナーシング・ホームの新規参入の支援を開始
1980	米国	社会保障法改正 メディケイドが民間を含む在宅ケア・サービス料金の支援を開始
1980	英国	1980年の補足的便益法（The Supplementary Benefit Regulations of 1980）が民間ナーシング・ホームを支援
1981	米国	在宅およびコミュニティベース介護のウェーバ・オプションの制定が州にメディケア利用の権限を与える
1985	オーストラリア	高齢者介護改革戦略（The Aged Care Reform Strategy）が開始 在宅およびコミュニティ・ケア法（The Home and Community Care Act）が在宅介護サービスを後押し
1989	ドイツ	医療改革法の制定 医療改革が在宅介護サービスを医療行為に含めることを容認
1989	日本	ナーシング・ホーム・サービスを民間にアウトソースすることで，政府が民間企業の活用を開始
1990	英国	1990国民保健（医療）サービスおよびコミュニティ・ケア法の制定
1990	米国	パーソナル・ケア・ベネフィットが州の権限により，家の外で利用者につきそい，サービスを供給することを可能にする
1990	日本	福祉関係八法の改正 政府の社会福祉供給に関する集中排除により民間企業の介護サービス供給が活発化
1991	オーストラリア	連邦政府が民間企業のホステルへの参入を解禁 ホステルへの居住が許可された人々への財政的支援が開始
1992	英国	コミュニティ・ケア法（The Community Care Act）が施行され，介護供給に民間セクターの活用が促進される
1992	スウェーデン	エーデル改革（Edel Reform） 長期医療施設の権限がランスティング（landsting：日本の県に相当する地方自治体）からコミューン（kommun：基礎自治体，日本の市町村に類似）に移譲
1993	英国	コミュニティ・ケア改革
1994	ドイツ	介護保険の制定
1995	ドイツ	民間セクターが在宅サービスに参入 介護保険（Pflege-Versicherung）の導入
1996	英国	1996年地域ケア（直接給付）法が在宅ケア・サービスの供給を促進
1997	フランス	介護法の制定
2000	日本	介護保険の導入

注）オーストラリアでは，「ホステル」は症状が軽度の人のためのナーシング・ホームの一種である。一方，症状が重度な人が入居する施設を「ナーシング・ホーム」と呼ぶ。

かし，1995 年の介護保険制度導入後，政府は 6 つの慈善団体以外の非営利や民間企業にも財政的支援を行うようになり，同市場への新規参入が相次いだ（MHLW［2000］）。

オーストラリアでは，伝統的に，政府から財政的支援を受ける民間慈善団体がナーシング・ホーム・サービスを提供してきた。しかし，多様化する介護ニーズに対応するため，1985 年に高齢者介護改革戦略（The Aged Care Reform Strategy）を実施し，結果として，1991 年には症状が軽い高齢者向けのホステル・サービスへの財政支援が開始された。さらに，在宅およびコミュニティ・ケア法（The Home and Community Care Act）により，政府の支援の下，非政府セクターによるホーム・ケア・サービスの供給が増加している（Australian Institute of Health and Welfare［1995］）。

社会民主主義的として知られるスウェーデンの介護は，主に公的セクターによって賄われている。しかし，非政府セクターの活用は 1992 年のエーデル改革以降，徐々に増えている。この傾向は，特にアシステッドリビングの需要が高いストックホルムやヨーテボリといった都市部でよくみられる（MHLW［2000］）。

最後に，日本では，1963 年の老人福祉法以降，公的施設がほぼ独占的に介護サービスを提供してきた。しかし，1980 年代後半以降，介護サービスの民間セクターからの供給が徐々に増えていった。2000 年の介護保険法は民間セクターによる市場へのアクセス規制を緩和し，現在ではすべての高齢者向けサービスの約 40％が民間企業から供給されている（MHLW［2002］）。

こうした変化は，多くの OECD 加盟国において，市場が一定の役割を果たしていることを意味する。確かに，供給主体のシェアを測る統一的な指標[7]がないことから，介護サービス供給の形態を正確に国際比較

7）例えば，施設の数，収容人数，収入等。

表 1-5　主要国における民間による介護サービスの供給

(％)

民間施設の割合		民間ホーム・ケアの割合	
米国	75	日本	70
英国	60	米国	65
ドイツ	45	ドイツ	50
日本	40	スウェーデン	8
オーストラリア	30		

注）上記の残りは政府および非営利によって賄われている。
出所）ニッセイ基礎研究所［1998］。

することは困難である。しかし，ややデータが古いが，ニッセイ基礎研究所［1998］の推計によれば（表 1-5），当時の時点で既に市場が大きな役割を果たしており，米国や英国ではメインの供給主体となっていることがわかる。日本，ドイツ，オーストラリアは，約半分が民間セクターを通しての供給である。

3　介護市場における質の問題

　市場化における大きなチャレンジは，ケアの質をどのように担保するかである。他のヒューマン・サービス同様，介護は極めて多様なニーズをカバーする。多くの研究者が市場におけるサービス品質を担保する課題に取り組んできたが，いまだ改善の余地は極めて大きい。
　政府はこのケア品質を担保する取り組みに多大な努力を払ってきた。表 1-6 は，米国，英国，ドイツ，オーストラリア，そして日本における介護の品質を担保するための政策をリスト化したものである。こうした政策に従わないサービス供給者は，処罰され，場合によっては市場から退場させられる。したがって，利用者の選択は極端な低品質の介護供給を排除し，利用者のニーズに合致するものへと徐々に近づくはずである。

表1-6 OECD諸国の主な介護供給のためのケア品質保証政策

国	政　策
米国	ホーム・ケア品質保証法（1987） 包括的予算調整（1987） 州レベルの介護品質ガイドライン
英国	登録ホーム法（Registered Homes Act）（1984）
ドイツ	品質フォーム制度（任意）
オーストラリア	高齢者・障害者法（Aged or Disabled Persons Act）（1972） ナーシング・ホーム・アシスタンス法（Nursing Home Assistance Act）（1974） 在宅およびコミュニティ・ケア法（The Home and Community Care Act）（1985）：標準モニタリングチームによる検査 高齢者ケア法（Aged Care Act）（1997）：認証評価の導入（1998）
スウェーデン	コミュニティによる顧客質問票調査 障害研究所による施設検査
日本	地方自治体による年次検査および地域密着型サービスの外部評価，任意の第三者評価（2001）

　しかし，意外にもこうした努力はまったく実を結んでいない。ケア品質に対する国民の不満はまったく収まることなく，むしろ危機的なレベルにまで達していると言える。OECD［2005］は低品質の介護供給はいまだにはびこっていると主張している。最も長いライセンス補助（License Subsidies, LS）の歴史を持つ英国でさえこの問題を解決できていない。また，米国でもHarrington［2001］は「品質管理の努力にもかかわらず，約160万人のナーシング・ホームの低品質のケアは25年間なくなっていない」と報告している。か弱い高齢者への虐待やネグレクトはナーシング・ホームでもコミュニティ・ケアでも世界規模で報告されている（Braithwaite［2006］）。政府が品質管理政策を打ち出しても，不十分な品質のケアの問題はまったく解決されていないのである。

4　公共政策モデル——官僚制から市場活用へ

　これまでの節では，長らく続く市場のケア品質の問題を，次の時代ごとの段階を用いて明らかにしてきた。すなわち，
　①福祉国家の考え方により，政府はヒューマン・サービスの供給に責任を持つようになった。
　②財政的，技術的な制約から，政府は必要なヒューマン・サービスを直接供給から市場を通じての供給にシフトするようになった。
　③利潤最大化の下にサービス品質を犠牲にしがちである市場においてケア品質を担保するために，政府は様々な規制措置をとってきた。
　④しかし，ケアの不十分な品質の問題はいまだ市場に残ったままである。
こうした発見はヒューマン・サービス市場に供給をアウトソースすることは良策ではないことを示唆している。
　次のステップはこの問題の原因について考察することである。そのためには，ヒューマン・サービス分野から視点を広げ，公共政策モデル全体の観点からケア品質の問題を考えることが必要である。政府の必死の努力にもかかわらず，ヒューマン・サービス供給のケアの質の課題があまりに根深いことから，現在の市場を活用した行政学理論には欠陥があると思う方もいるかもしれない。しかし，公共サービスのアウトソースの文脈にある，市場を活用した公共政策モデルは，多くの分野でサービスの質をむしろ高めてきたのである。例えば，通信サービス，輸送サービス，そして公共交通サービスの市場を通じた供給はしばしば成功例として取り上げられる。しかし，同じ理論が，ヒューマン・サービスの供給には同じような効果を発揮しないのである。以下では公共政策モデルを概観し，長らく解決していないヒューマン・サービスにおける品質問

題の原因について考察する。

　公共政策モデルは官僚制から市場活用へと徐々にシフトしてきた。ここでは，まずこの移行について概観する。さらに，ヒューマン・サービスと他の行政サービスの違いについて考察する。

　公共政策モデルの歴史は19世紀後半に始まった。この分野の初期に多大な貢献をした人物の一人は，工業化の時代には公共セクターのマネジメントにおいて中央集権的で規則拘束型，そして，年功重視のヒエラルキー制度が必要だと考えた，マックス・ウェーバーである。こうした組織形態を官僚制と言う。

　20世紀前半の間，官僚制は公共サービスを提供するための最も優れた制度だと考えられた（Ostrom［1989］）。Albrow［1970］によれば，官僚制の要素は分業や専門化の発達，明確な役割と厳格なルールを伴うヒエラルキーの確立，そして実績重視の人事（雇用や昇進等）を含むものである。

　官僚制の概念は，当時の社会的ニーズに非常に合致していたため，広く受け入れられた。官僚制は工業化時代の大量生産のニーズにこたえるために発展したのである。さらに，その特徴は世界恐慌や世界大戦等，世の中に大きな影響を与えた事件に対応するために必要とされた。官僚制の成功により，組織の一モデルとしての行政は，市場の失敗をただす「ソーシャル・エンジニアリング」の信条と結びついていった（Boyne［1996］）。

　しかし，官僚制はひとたび戦後期が終わると，機能的脆弱性を見せるようになる。最も大きな要因は，公共サービス需要が多様化したことである。産業構造は大量生産から，個別のニーズに対応したサービスへと徐々に転換していった。これに倣い，ヒューマン・サービスも細かな介護ニーズへの対応が求められるようになり，こうしたトレンドに対応するために，官僚制はその硬直性からの転換を迫られたのである（Dubois

［1979］）。確かに，官僚的な組織形態は安定性がある。しかし，この体制は失敗から学んで変化することが不得手で，周囲の状況への対応にも時間がかかる（Burns and Stalker［1961］, Crozier［1964］）。実際，官僚制の「特徴」は「弱点」として批判されるようになっていった。例えば，Dunleavy and O'Leary［1987］は政策立案と官僚制の手法は明らかに相反すると主張した。また，Merton［1952］は官僚制が基礎とする「ルールの支配」は，ルール順守に固執するあまり，手段の目的化を招きがちだと述べている。

　さらに，「政治家と官僚が公共の利益のために一致団結する」という官僚制の前提も「ナイーブ」であると批判され始めた。Crozier［1964］, Selznick［1949］, そして Tullock［1970］等は，公務員は特殊なモチベーションをもっているわけではなく，収入，名声，権力といった利己的欲求を最大化させるために行動するものだと主張している。彼らは，このことが国家予算の「インフレ」を招くと主張する。すなわち，公務員が所属部署の予算を最大化することで権威を高め，政治家は，票を確保するために公金をばらまいて，自らの野心を達成しようとするというのである。

　結果として，「公共選択」の概念はこうした課題に対する解決策として一層受け入れられるようになった。政府の役割を縮小し，政治家の裁量を制限し，公的機関の独占を廃し，市場原理を導入することで，利己的な人間の行動を制限するやり方である。つまり，「公共選択」の支持者は，機関は自己の利益を誘導するので，政策への助言も実施もさせるべきではないと考えたようで，「公共選択」論は，助言，規制，実施の機能は分けられ，別個のエージェントによって担われるべきだと主張した（Boston［1991］）。

　多くの学者が公共サービスの市場を通じた提供を後押ししてきた。実際，この現象には様々な学名が付けられている――「プロキシによる政

府（government by proxy）」（Kettl［1993］），「第三者政府（third party government）」（Smith and Lipsky［1993］，Salamon［1989］），「空洞政府（hollow government）」，「空洞国家（the hollow state）」（Milward［1994］［1996］），「バーチャル政府（virtual government）」（Sturgess［1996］），「空っぽの王冠（the hollow crown）」（Weller, Bakvis and Rhodes［1997］），「影の政府（shadow government）」そして「契約のレジーム（the contracting regime）」（Kettl［1988］）である。これらの根拠は，公共経営がプロセスに対する監視よりも目標の達成に重きが置かれるとき，公的機関には管理（アドミニストレーション）ではなく，マネジメントが必要だというものである（Lane［1993］）。

マネジメントの手法を公共セクターに導入するというアイデアは，1970年代および1980年代に特に発展した。このトレンドでは，手段ではなく目的に注力することに加え，経営の大きな裁量を持った経営者を擁し，半ば自治権を有する公共セクター・エージェンシーを設立することが強調された。1990年代までに，この公共セクター・マネジメントに対する独特のアプローチ「ニュー・パブリック・マネジメント（NPM）」は民間セクター経営の手法と公共選択理論の概念の両者によって形作られた。このトレンドは多くのOECD加盟国で起きた（Hood［1991］，Hughes［1998］）。NPMの概念はAulich, Halligan and Nutley［2001］によれば表1-7のようにまとめられる。

市場活用に向けた行政理論の変遷は表1-8に示されるとおりである。表1-8に示されている2つの行政理論は，公共サービス供給における，中央集権理論からネットワーク（アウトソース）的市場活用理論への移り変わりを示している。左側（伝統的行政理論）はプロセス，インプット，ヒエラルキー，そしてサービス供給のための公共セクターが支配する伝統的な行政理論を捉えるように設計されている。右側（市場活用の行政理論）は，市場（つまり民間セクター）の役割の拡大と公共セクター

表1-7　ニュー・パブリック・マネジメント（NPM）の概念

・統制とルールの適用から，計量的なアウトプットと業績目標へのシフト，政策決定とサービス供給の分割（Separation of policy making from service delivery）へ
・巨大な官僚組織を（疑似）自治権を持つ目的別エージェントへと分割
・非中央集権的なサービス供給者とサービス購入者の間の契約型関係
・公共サービス供給における民間企業，アウトソーシング，そして競争性の優先
・以下によるパブリック・ファンドの高度な効率性の探求：
　　業績情報の一層の公開
　　効率的な財政運営目標
　　可能な範囲での競争原理の導入
　　監査準備の強化
・下記を含むより民間スタイルのマネジメント業務：
　　人材管理政策（例えば，短期雇用契約や業績連動報酬制度）
　　戦略的ビジネス・プランニング
　　内部調達（internal trading arrangements）
　　フラットな組織階層
　　顧客重視姿勢
　　コーポレート・ガバナンスの刷新

出所）Aulich, Halligan and Nutley [2001].

表1-8　行政理論の変遷

特長	伝統的行政理論	市場活用の行政理論
支配的価値観	管理	競争
業績評価	プロセス	アウトカム
政府の役割	支配的供給者	権限付与者／購入者
構造	中央集権かつ階層的	ネットワーク，アウトソーシング
国家の財政策	幅広	狭い，契約主体の支出
公共と民間の相対的重要性	公共部門が支配的	民間部門が支配的

出所）Aulich, Halligan and Nutley [2001].

の供給において契約関係が用いられるようになったこと，そして競争と結果が公共サービス供給において決定的な役割を果たすようになったことを示している。それぞれの理論には実際，多くのバリエーションが存在する余地がある。いくつかの国では，伝統的な行政国家から市場国家への移行の動きとあわせて，公共セクター改革の結果としてこうした変遷を位置づけることも可能であろう。

5　ヒューマン・サービス供給におけるケア品質問題の原因

　これまで見てきたように，今日の公共サービス供給は市場を活用している。しかし，市場活用の特徴は，ほぼヒューマン・サービス供給においてのみ，長期にわたるケア品質問題の原因となっている。市場活用は，先に述べたように，ヒューマン・サービスの本質と根本的に相いれないのである。
　「競争」は行政学理論の市場活用における支配的な価値観であり，ヒューマン・サービス供給における裁量と衝突する。ヒューマン・サービスのニーズは極めて多様なので[8]，供給者はそれぞれの利用者のためにサービスを個別にカスタマイズする必要がある。しかし，このことは，利用者がサービス購入時に価格のみならずサービスの質を注意深く見極める必要があることを意味する。ケア・サービスの質は，もちろん供給者によって異なる。p を価格，q を質とする時，市場均衡モデルは $Y=x(p, q)$ とあらわされる。すなわち，このモデルは「高価で高品質」のみならず，「安かろう悪かろう」のサービス品質を許容することになる。次の例を考えてみよう。ある介護供給者は被介護者一人一人のニー

---

8) 例えば，必要な介護は個々人で異なる。

ズに丁寧に答える一方，他の介護供給者は被介護者のニーズを無視し，時に身体的，精神的に虐待しさえする。このモデルは公共サービス供給にはまったく受け入れられない。なぜなら，一般消費財と異なり，公共サービスの劣悪なサービス品質は，それに生活の質を全面的に頼る人々の生活に重大なダメージを与えるからである。

　こうした「衝突」はヒューマン・サービス特有のものである。サービスを逐一カスタマイズしない他の多くの公共サービスでは，すべての利用者は似たような品質のサービスを受けることになる。つまり，そうした市場ではモデルが $Y=xp$ として機能するのである。先述の通信，運送，交通サービスのようにうまくいくケースでは，市場のプレーヤーは利用者を同じように扱う[9]。結果として，それらのサービスの品質は標準化される。例えば，JR は他の私鉄と同じように客を運び，安全性や正確性において両者に違いはないといえる。これは海外でも同じである。オーストラリアで Telstra が提供するインターネット接続サービスは Optus が提供するサービスと極めてよく似ている。両者のインターネット回線のスピードも同じレベルである。米国では，アメリカ合衆国郵便公社（USPS），ユナイテッド・パーセル・サービス（UPS），そして FedEx は荷物を同じような方法で，およそ同じレベルの正確さで運ぶ。この同質性はこうしたサービスの市場を通じた供給を成功に導いている。市場では単純な価格競争のみが行われている（つまり，$Y=xp$）ので，市場のプレーヤーはサービス供給をいかに安く効率的にするかに注力する。結果，供給の生産性は向上し，政府と消費者の支出は縮小されるのである。

　しかし，ヒューマン・サービス・セクターにおいては，競争だけで成功はおぼつかない。ヒューマン・サービス供給における裁量は，必然的

---

9) つまり，必要な介護が一人一人異なることで，一律のサービス提供ができないヒューマン・サービス供給者と比べ，鉄道サービスはすべての乗客に一律のサービスを供給することができる。

にサービス品質の多様化を生む。既存の行政学理論はそのままでは適応できず，競争のなかで，サービス品質を担保する仕組みを工夫しなければならない。しかしながら，現状の理論はそうなっていない。質（q）と価格（p）が市場均衡モデルのなかで共存してしまっているので，市場を活用する行政学理論は，最高級から，人間の福祉や尊厳の観点から受け入れ難い最低な品質まで幅広いサービスの質を許容してしまっている。まさにこのことが，長期にわたるサービスの質の問題なのである。

政府がこのケア品質の課題を解決するには，まず競争と供給者の裁量の矛盾を克服することが必要である。供給者の裁量はヒューマン・サービス供給には不可欠なので，政府は市場を，競争をコントロールするよう再設計する必要がある。

政府はサービスの質を確保するためにヒューマン・サービス市場をどのように設計すべきか。本書の第Ⅰ部はこの課題について扱う。

もうひとつの重要な課題はケアの質をどのように測るかである。良い品質の介護とは何で，どのように測るのか。パフォーマンス測定でも衝突は起きる。つまり，目標重視の行政学理論とヒューマン・サービスの曖昧な政策目標との矛盾である。

結果を測るのには必ず具体的な目標が必要である。政策の結果は政策がどの程度目標を達したかで測られるので，目標は明確でなければならず，逆にそうでないと測定はできない。

しかしながら，ヒューマン・サービスの政策目標は曖昧になりがちである（Lipsky［1980］）。「穏やかで安らぎのある老後の生活のための介護」のような記述では効果を測定できない。一体だれが，他人の生活の穏やかさや安らぎを客観的に測定できるだろうか。ここで，利用者の満足度が有効なのではと考える人もいるかもしれない。しかし，介護を受ける人の内の多くが認知症を患っていることを忘れてはならない。

このような曖昧さは実際，ヒューマン・サービス特有のものである。

市場で取引されている他の多くの公共サービスは測定できる。例えば，交通機関の安全性や正確性は事故率や遅延時間で測ることが可能である。通信や運輸サービスでも同様のことが言える。

　ヒューマン・サービスの結果は測定できないので，政府は代替案を導入する必要ある。これが本書の2つ目の研究課題である。

　政府は業績指標をどのように設定すべきか。本書の第II部がこの課題について扱う。

第 I 部

ヒューマン・サービス時代の経済学モデル

第 2 章

介護市場モデル

　第Ⅰ部の目的は，サービスの質を確保するためにどのように市場を設計すべきかという問いに答えることである。そのために，本章はまず，現状のケア品質モデルの問題をあぶり出す。そして，それに代わる，問題解決のための「介護市場モデル」を提示する。その後の第3～5章ではこの介護市場モデルの適応性，有効性，そして財政的持続可能性をそれぞれ検証する。

1　ケア品質モデルとは

　本書において，ケア品質モデルとは，ヒューマン・サービスのための市場設計を意味する。競争市場では，供給者は本質的に利潤の極大化を指向し，ご都合主義的な態度をとる。結果として，彼らは幅広い質のサービスを供給し，お金のない購買者を差別するか無視する。このことは一般消費財の市場においては，資本主義社会である以上，必ずしも悪いことではない。しかし，ヒューマン・サービスにおいては非常に問題である。なぜなら，ヒューマン・サービスは人々の最低限の生活水準を維持するために供給されるものだからである。さらに，ケア品質の水準に

対する期待は時が経つにつれて上昇してきた。例えば，介護では，日常生活動作（ADL）のサポートはかつて，食事の準備や部屋の掃除といった領域をカバーしさえすれば良かったが，現在ではその範囲が孤独や不安の緩和といった精神的側面にまで及んでいる。したがって，「ケア品質モデル」は，低品質なサービスやご都合主義的態度を市場から取り除くだけでなく，市場におけるケア品質のレベルを自然に向上させるものでなくては，期待される最低水準を満たせなくなってきている。

現在のケア市場モデルはナーシング・ホームへのアクセスをモデル化した初期の Scanlon［1980］の研究に由来している。当時，多くの国は低所得者に限った給付の政策（例えば，米国のメディケイド）を採用しており，主として民間業者の介護サービスを利用していた。これをもとに，スカンロンは，ナーシング・ホームは2つのタイプの被介護者から利益を極大化すると想定した。すなわち，私費の被介護者とメディケイドの被介護者である。このモデルでは，私費の被介護者は値段(p)を支払い，$x(p)$ の需要がある。ナーシング・ホームは，メディケイドの被介護者ごとに，（公的機関から）払い戻し（reimbursement rate）r を受け取る。収容人数は $\bar{x}$。費用（cost）の $c(\bar{x})$ は私費もメディケイドも同じである。したがって，ナーシング・ホームが満員である限り，総費用は固定的である。ナーシング・ホームは私費の値段に応じて利益を極大化し，それは次の式で表すことができる。

(1) $$\max_{p} \pi = px(p) + r(\bar{x} - x(p)) - c(\bar{x})$$

介護供給におけるケア品質が問題になったことから，多くの研究者がスカンロンのモデルをケア品質に応用した（Nyman［1985］, Dusansky［1989］, Gertler［1989］［1992］, Gertler and Waldman［1992］）。Norton［2000］は，私費の被介護者は品質を気にかけ，費用関数は品質に依存することを想定し，それらのモデルをひとつにまとめた。そのモデルは次の式で

表すことができる。

(2) $$\max_{p,q} \pi = px(p, q) + r(\bar{x} - x(p, q)) - c(q|\bar{x})$$

ナーシング・ホームはメディケイドの払い戻し r と，収容人数 $\bar{x}$ を与えられ，私費の被介護者に設定する価格 p と介護の質 q を決定して最大の利益 π を得る。

このモデル（以後，既存のケア市場モデル）は低品質ケアの問題を解決するために介護の質を向上させるメカニズムを持っていない。第1章で論じたように，価格と品質の両方の要素を同時に内包しているケア市場モデルは，必然的に「高価で高品質」のみならず「安かろう悪かろう」の品質を許容することになるからである。以降の節ではこのモデルの弱点についてさらに説明する。

2 ケア品質モデルの問題点

既存のケア品質モデルでは，市場競争をケア品質の向上に誘導することができない。第一に，メディケイドの被介護者は，メディケイドの払い戻しは，ケアの必要性や品質から独立している[1]ので，ケア品質に注意を払わないかもしれない。つまり，メディケイドの被介護者がナーシング・ホームに行くのは，彼らに介護が必要なわけでは必ずしもなく[2]，またもし彼らが本当は介護を必要としていないならば，その品質[3]に注意を払うことはまずないだろう。一方，ナーシング・ホームは彼らのニ

---

1) ナーシング・ホームに支払われる払い戻し率は受給者の病歴に依存しており，受給者の現在の健康状態とは関係がない（Norton [2000]）。
2) 現物支給であり，現金給付ではない。
3) 受給者は，ケアの質よりも，ケアの質とは関係ないもの（例えば，ナーシング・ホームの建物のきれいさ）の方を気にするだろう。

ーズに対してご都合主義的に対応する。すなわち，ナーシング・ホームは，コストを抑えるためなるべく手間のかからないメディケアの被介護者を受け入れる。さらに，ナーシング・ホームは，提供する介護の質にかかわらず，払い戻しを増やすことによって利益を得るのである。したがって，ナーシング・ホームは，メディケイドの払い戻しが増えると，品質のためにお金を払うことができる被介護者の割合が相対的に減ることから，介護の質を下げる傾向にある（Norton［2000］）。私費の被介護者の割合の低下は，残った私費の被介護者に対し質のための限界費用を上げ，結果として質の低下を招く。Nyman［1988］は需要超過が起こりやすい市場においては，メディケイドの被介護者の割合が増えることはより介護の質の低下に結び付くことを発見した。逆に，需要超過が起きにくい時は，メディケイドの被介護者の割合の増加は介護の質の低下とは関係がない。したがって，既存のケア品質モデルでは，市場は，市場の一部の利用者がケア品質について関心がないことから，ケアの質を向上させるメカニズムを保持していないのである。

　第二に，私費の被介護者が品質のためにお金を払うとしても，既存のケア品質モデルは，市場から低品質なケアを取り除くことはない。図2-1は，既存のケア市場モデルにおける私費の被介護者の行動を表している。既存のケア市場モデルでは被介護者がサービス供給者を選ぶ際にケアの価格と品質を考慮するので，被介護者は高品質（q）で低価格（i）[4]を志向する。無差別極線（U）は被介護者の高品質で低価格な無差別の組み合わせ，つまり $U=u(q, i)$ を表している。ここで注意したいのは，多くのミクロ経済学の図表と異なり，価格が図の右に行くにつれて安くなることである。つまり，曲線のいずれの地点においても，被介護者は

4）「低価格（inexpensive）」という言葉の使い方は経済学の分野においては奇異に聞こえるかもしれないが，この表現は無差別曲線上の品質との関わりにおける価格に対してなくてはならないものである。なぜなら，効用は図の右（あるいは上）に行くに従って大きくならなければならないからである。

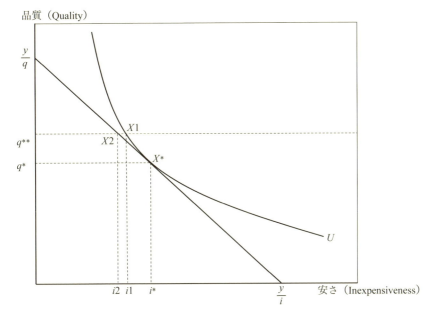

図 2-1 ケアの区別と均衡

品質と価格は無差別で，高品質を安価より好むこともなければその逆でもない。直線 ($y=qx+ix$) は被介護者にとって必要な介護サービスの量を示す。したがって，被介護者の効用 (U) は (X^*) の地点，つまり無差別曲線と必要な介護サービスの量 ($y=qx+ix$) の接点で最大化される。しかし，重要なことに，(q) と (i) のスケールは被介護者それぞれに特有のものである。高価で高品質のケアを購入することのできない，裕福でない私費の被介護者がいる限り，低品質ケアの需要は存続し続ける。品質 (q^*) は価格（つまり，安さ）(i^*) が非常に安い場合，許容できないレベルのひどいものとなる。したがって，既存のケア品質モデルは低品質ケアの問題を解決することができないのである。

これについては，政府が規制を導入すれば低品質のケアを排除することができるではないかと考えられるかもしれない。しかし，既存のケア

市場モデルでは，規制の効果は非常に限られたものになる。政府が市場に介入し，最低品質基準を設けて(q^{**})より下の低品質ケアを取り除くとしよう。(q^{**})は必要な介護量の直線($y=qx+ix$)に，被介護者が費用対品質の組み合わせに満足している交点($X1$)より左側に位置する（すなわち高価な）($X2$)で接するので，被介護者は(q^{**})の水準にあるケアを高すぎると感じる。言い換えれば，被介護者は(q^{**})を($i1-i2$)の分，オーバープライスだと判断するのである。結果として，被介護者は，政府の最低品質基準に不満を感じ，なかにはこの基準によって生じる価格上昇のせいで介護サービスへのアクセスを失ってしまう人もいるだろう。

3　ケア品質モデル問題の原因

　ケア品質モデルの問題は，市場の設計の議論がバラバラに行われてきたことに起因する。すなわち，あるべきヒューマン・サービス（あるいは福祉）の普及の議論と，その供給を担う市場設計の立案と検証の議論が統合的になされてこなかったのである。分野ごとに，社会学者は社会的統合に，経済学者は経済効率に，政治学者は社会階層の軋轢に，社会政策学者は貧困者への再分配と貧困改善の応急処置の議論に強い関心を持ち（Castles et al.［2010］，西村［2014a］），分野を超えた包括的な議論が著しく欠如していたのである。事実，2010年に刊行された5名の編著者と70名以上の執筆者からなる，福祉政策研究の包括的ハンドブックである『福祉国家』（Oxford Handbook of Welfare States）でも，福祉を研究する際に分野の視座に固執することの弊害と，分野をまたいだ関心の広がりと理解の重要性が一貫して強いトーンで説かれており（Castles et al.［2010］），西村［2014a］も同書に言及しながら，この重要性を指摘している。

インドのことわざ「群盲象を評す」のように，対象の一部分だけを皆が正しく観察していても，全体として議論が発展しない場合がある。象の足を触った人はそれを「象は柱のよう」と評価し，尾を触った人は「象は綱のよう」とし，鼻を触った人は「象は木の枝のよう」，牙を触った人は「象はパイプのよう」と評するばかりでは，全体的な議論が進まない。同様に，社会学や政治学ではあるべき福祉供給の姿を議論はしたが有効性を実証せず，経済学者は市場の経済効率を議論し，実証するが，その前提となる「あるべき」市場の形の議論にあまり積極的に加わらない。

事実，市場の設計の議論はケア品質モデル（前掲の数式(2)）の Norton ［2000］以降深まっていない。なお，この結論は英文での文献のみならず，日本語の文献に目を移しても変わらない。例えば，2000 年の介護保険導入以降の，介護サービスの経済分析を体系的にまとめた書籍の先駆けとなった下野・大日・大津［2003］を含め，ヒューマン・サービス，介護市場のモデル化・実証はすべて既存の市場設計を前提とした議論に終始している。もちろん，橘木［2010］や小塩［2005］［2013］［2014］，西村・京極・金子［2014］，西村［2014b］等，経済学に軸足をおきながら，あるべき社会保障の市場について議論した研究は少なからずある。しかし，それらはあくまで他国の事例や議論の前提としての紹介的な意味合いが強く，実際にどのような市場の仕組みが，ヒューマン・サービスの目的に対して最適なのかをモデル化・実証したわけではない。Norton［2000］が提示したケア品質モデルの議論は，結局発展せずに今日に至っている。

モデル化・実証の研究が行われてこなかった要因には，データの利用可能性も関係している。それには，従来のデータ利用環境を理解する必要がある。まず，ヒューマン・サービス分野におけるケア市場モデルには 2 種類の前提がある。ひとつは，貧富にかかわらず政府が国民すべて

表 2-1 主な公的介護プログラム

	介護の種類	プログラム	給付タイプ
韓国	在宅介護 施設介護	公的介護保険	ユニバーサル
ルクセンブルグ	在宅介護 施設介護	扶養者保険	ユニバーサル
メキシコ	施設介護	高齢者疾患を対象とした特殊サービス	全年齢
	在宅介護	年金受給者と退職者に対するデイケアセンター	被保険者である年金受給者および退職者
オランダ	在宅介護	例外的医療費における一般法（AWBZ）	全年齢 ユニバーサル
	施設介護	AWBZ	全年齢 ユニバーサル
ニュージーランド	在宅介護	介護人サポート	低所得者
		在宅サポート：ホームヘルプ	低所得者
	施設介護	在宅サポート：日常生活介護	低所得者
ノルウェー	在宅介護 施設介護	公共の長期介護制度	ユニバーサル
ポーランド	在宅介護 施設介護	社会的サービス	低所得者
スペイン	在宅介護 施設介護	地方自治体による公的介護プログラム	低所得者
スウェーデン	在宅介護 施設介護	州レベルでのプログラムの立案：高齢者保険による高齢者の健康の向上	ユニバーサル
スイス	在宅介護 施設介護	州レベルでのプログラムの立案：高齢者保険による高齢者の健康の向上	施設介護に関しては低所得者のみ

注）OECD は 34 の加盟国から成るが，OECD［2005］はデータへのアクセスの問題からそのうち ェー，スウェーデン，オーストリア，ドイツ，日本，メキシコ，ニュージーランド，ポーラ 不同）である。
出所）韓国は Choi［2009］，その他は OECD［2005］。

のサービス受給に責任を持つ「ユニバーサル給付」。もうひとつは，政府が低所得者のみへの給付に責任を負う「ミーンズ・テステッド（低所得者に限った給付）」である。理論的には，どちらの制度もヒューマン・サービス市場から切り離される人が出ることを防ぐ仕組みである。事実，

ム（OECD 加盟国から 19 カ国）

	介護の種類	プログラム	給付タイプ
英国	在宅介護 施設介護	社会的サービス	低所得者
	在宅介護	社会保障給付	低所得者
オーストラリア	施設介護	入所者介護	一部低所得者のみ
	在宅介護	地域高齢者介護パッケージ（CACP）	低所得者
		住宅・地域介護（HACC）	低所得者
		介護支払	低所得者
		介護者給付金	ユニバーサル
オーストリア	在宅介護 施設介護	介護給付金	ユニバーサル
カナダ	在宅介護 施設介護	州のプログラム	通常は低所得者のみ
ドイツ	在宅介護 施設介護	公的介護保険	ユニバーサル
ハンガリー	在宅介護 施設介護	社会保護および公的介護提供プログラム	低所得者
アイルランド	施設介護	養護施設補助スキーム	低所得者
		公的長期介護	低所得者
	在宅介護	地域ベースの介護	一部低所得者のみ
日本	在宅介護 施設介護	介護保険	ユニバーサル
米国	在宅介護 施設介護	メディケイド	低所得者

19 カ国のみについて報告している。その 19 カ国とは，韓国，オランダ，ルクセンブルグ，ノルウェンド，スペイン，スイス，英国，ハンガリー，アイルランド，米国，オーストラリア，カナダ（順

OECD 加盟国の約半数はユニバーサル制度を導入し，残りの半分は低所得者に限った給付制度を採用している[5]（表 2-1）。

実は，これまでのところ，介護分野の先行研究で分析されたケア品質モデルはすべて低所得者に限った制度を前提としている。先行研究にお

けるこの特徴は，ケア品質モデルの研究のほとんどすべてが，低所得者に限った制度を採用する米国から発信されていることで説明できる。介護市場におけるケア品質の問題は世界中で報告されており，多くの国に共通したものだが，サービス供給者のケア品質に関する情報公開は限られている。公的機関だけか，地域ごと，あるいは特定の地域のみに限られる場合がほとんどである。すべてのナーシング・ホームのケア品質情報の公開が義務付けられているのは最近まで米国のみだったので，研究者がケア品質モデルを米国の低所得者に限った制度を前提に構築するのは当然であった。逆に，だからこそあるべき市場モデルの実証研究が，Norton［2000］以降進展しなくなってしまったともいえる。既存のケア市場モデルはヒューマン・サービスの目的と相容れず，再構築が求められている。そのような状況において，ケア品質モデルの分析対象が，低所得者に限った給付制度に偏ってきた環境が，その再構築の発想を狭める要因となってきたのである。

4　介護市場モデル──市場競争をケア品質の改善に仕向ける

　本書は，日本がこの問題に対する「対抗勢力」として台頭してきたことに着目する。近年の改革の結果として，日本はすべての地域密着型サービス供給者のケア品質情報を公開している[6]。ユニバーサル制に基づく，2000年に導入された介護保険制度の下，日本は2006年に地域密着型サービスの第三者評価制度を義務化し，データの蓄積が進んでいる。

5）ただし，カナダとオーストラリアの場合は，地域ごとで制度の違いが大きく分類が難しい。オーストラリアは，ほとんどの人が所得に応じて少なくとも部分的なサポートが受けられる「スライドスケール」制度とも呼ばれる。

6）外部評価制度。この評価を受けることは地域密着型サービスに対してのみ必須となっている。

本書は，このデータ環境の変化を捉え，ユニバーサル給付を前提とする日本の介護市場のデータを用いて，低品質介護問題を内包する既存のケア市場モデルに代わる，新たなケア品質モデルを提示する貢献を行う。

ここでは，既存のケア品質モデルを2つの方法で修正する。最初の修正は，市場から供給されるケアの品質を気にしない被介護者を，払い戻しrと被介護者の健康状態とを結び付けることで，取り除くことである。もし標準化されたケアが，被介護者の身体の状態に応じて供給されれば，被介護者は供給者のケアの質を比較することができる。加えて，供給者も，利用者である被介護者の身体の状態に関する情報が公になっている限り，日和見主義的な行動をとることはできなくなる。したがって，ナーシング・ホームはより良いケア品質の競争に注力することになる。第二の修正は既存のケア品質モデルから価格pを取り除くことである。先述のように，価格pは，高価で高品質のサービスを購入することができない人々が市場に常に存在することで，市場に低品質のサービスを残してしまう。もしqが唯一の供給者選択基準であれば，品質を気にするすべての人たちが，ナーシング・ホームに対し，品質を改善するインセンティブを自然と与えるはずである。なぜなら，彼らはケアの質を基準にナーシング・ホームを選ぶからである。つまり，これらの修正は市場競争を金銭的競争から離し，ケアの競争へと仕向ける。このことにより，競争風土はケア品質を向上させるよう働き，低品質のケアは淘汰されるのである。

本書では，この，著者が提示する新たなケア品質モデルを「介護市場モデル」と名づけ，既存のケア品質モデルと区別する。

既存のケア品質モデルと異なり，介護市場モデルはユニバーサル給付制度を前提としている。この制度下では，人々は必要な介護を「共同購入」し，健康状態によって決められる個人のニーズに従ってそれが配分される。ケア・ニーズの各レベルに対する要件を設定することで，政府

は配分を市場における供給者にアウトソースする。

したがって，介護市場モデルでは，供給者（例えばナーシング・ホーム）がサービスのより良い品質のために競争する。供給者の利益極大化に関しては，つきっきりの介護が必要な被介護者を受け入れることは確かに収入の増加につながるが，多くのリソースも割かれる（ナーシング・ホームのコストも増える）。軽度の介護のみで済む被介護者を受け入れる場合はこの逆である。市場に競争がある限り，低品質のケアを提供するナーシング・ホームは被介護者に選ばれ難い。

介護市場モデルでは，ユニバーサルな介護保険の加入者（被保険者）[7] i（つまり，すべての被介護者）は品質を気にする。したがって，供給者はケアの品質向上について利益を極大化する。q を品質，c をコスト，$\bar{x}$ を収容定員とした場合，モデルは次のように示される。

$$(3) \qquad \max_{q} \pi = ix(q) - c(q|\bar{x})$$

つまり，先行研究にあるケア市場モデルは，ヒューマン・サービス市場にある問題を解決する機能を持っていないので，代替のケア市場モデルが必要である。代替とは，市場競争を品質向上のみに仕向ける，本書の提示する「介護市場モデル」のことである。介護市場モデルの適用には次の3つの要件を満たす必要がある。すなわち，①ユニバーサル給付制度，②被介護者のコンディションに応じた標準化された内容のケア，③価格競争がないこと，である。

---

[7] このことは人々を税金によるユニバーサル介護制度の下で，等しく，ユニバーサルに保証することを意味する。

おわりに——介護市場モデルに対する疑問

　介護市場モデルは，低品質のケアはモデルが働く市場競争によって自動的に取り除かれるので，論理的には市場のケア品質問題を解決する。しかし，介護市場モデルにはいくつかの実証的，理論的疑念が残る。第一に，モデルの実装可能性の実証である。モデルの要件，すなわち，①ユニバーサル給付制度，②被介護者のコンディションに応じた標準化された内容のケア，③価格競争がないこと，を満たすことは実際に可能なのだろうか。第3章は，介護市場モデルを導入した事例を分析しながらこの問いに答える。

　次は，介護市場モデルの有効性の実証についてである。介護市場モデルはすべての被介護者が介護供給者のケアの質に関する情報にアクセスでき，ケア品質をもとに供給者を比較できることを前提としている。しかしながら，そのような前提は，ケア市場における情報の非対称性モデルと相反する。つまり，情報の非対称性モデルは，被介護者は供給者のケア品質を評価できないので，ケア品質をもとに供給者を選択することはできないと主張する。この点については第4章で詳しく述べる。

　最後の疑問は介護市場モデルの財政的持続可能性である。先に述べたように，介護市場モデルは，政府がすべての国民に対するサービス提供に責任を持つ，ユニバーサル給付制度を前提としている。低所得者のみの給付制度と比べて，カバーする範囲がずっと広いユニバーサル給付制度は，より費用が掛かると多くの研究者が述べている。ヒューマン・サービスへの需要が増加するなか，ユニバーサル給付制度を前提とする介護市場モデルの導入は現実的ではないのではないか。この議論は第5章で検証する。

第 3 章

実装可能性の検証

　前章では，ヒューマン・サービス市場における品質と価格の間の相反を論理的に克服する，介護市場モデルを提示した。本章では，介護市場モデルについて，その 3 つの前提要件が実装可能なのかどうかを検証する。特に，本章の検証を裏打ちするのは，OECD 加盟国の介護制度を概観し，介護市場モデルの 3 つの要件を満たす制度が存在するかを見極めることである。なお，この場合 3 つの要件とは下記である。

（要件 1）ユニバーサル介護給付制度
（要件 2）被介護者のコンディションに応じ標準化された内容のケア
（要件 3）価格競争がないこと

　OECD 加盟国の概観を調査すると，日本の介護市場が介護市場モデルの要件 3 つすべてを満たす唯一の事例であることがわかる。まず，ユニバーサル給付制度に関しては，OECD 加盟国全体では，韓国，オーストリア，ドイツ，日本，ルクセンブルグ，オランダ，ノルウェー，スウェーデンが該当する（前掲表 2-1 参照）。これら 8 カ国のうち，被介護者の状態に応じたケア内容の標準化をしているのが，ドイツ，ルクセンブルグ，日本および韓国である。最後にこのなかから介護市場における価格競争を排除しているのが日本であり，日本一国が前述の 3 要件すべてを満たすことになる。

日本という適用国があることは，介護市場モデルの3つの前提条件が実際に適用可能なことを裏付ける。以下の3つの節ではそれぞれの前提条件が日本の介護保険市場にどのように適用されているかを詳しく検証する。こうした作業は，介護市場モデルの実装可能性の証明に貢献することになる。

1　ユニバーサルな介護給付制度

　日本政府はユニバーサルな給付の公的介護制度を導入した。2000年に社会的ニーズの高まりを背景にはじまった，介護保険制度である。同制度の原資は半分が保険料で，残りの半分が税金（地方自治体と中央政府が25％ずつ）である。40歳以上のすべての人が所得に応じて保険料を納める。ただし，支払い方法は保険者の年齢によって異なる。例えば，第2号被保険者（40歳から64歳）は加入している健康保険（国民健康保険もしくは職域の医療保険）から支払われる一方，第1号被保険者（65歳以上）は介護保険料として普通徴収（振込等）あるいは特別徴収別途（年金からの差引）による支払いが必要となる。

　被保険者[1]は必要なときに，必要なケア（この場合は介護）を受ける。90％の費用は介護保険によって賄われ，10％の費用を被介護者が直接負担する（図3-1）。すなわち，被保険者は通常1割の負担（ただし，高所得者は2割負担）でニーズに応じた介護サービスを受けることができる。

　介護保険市場には2つの重要な特徴がある。すなわち，①地方自治体

---

1) 保険の受益者は国内の65歳以上のすべての人および40歳以上でアルツハイマー病等高齢化に関係する疾病の患者を含む。介護保険の適用とはならないが，それでも「介護」が必要な人に対しては，障害者保険や医療保険が適用される。

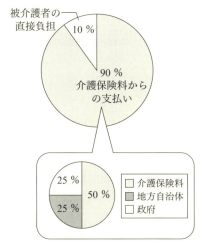

図 3-1 介護保険の財源

に登録できれば，どんな組織も介護保険市場に参入することができる，②介護保険市場におけるすべてのサービスの価格は公に決められている，である．こうした特徴の背景には，政府がサービス供給者に，より良い品質のための競争に特化できるように仕向ける意図がある．

2 被介護者のコンディションに応じ標準化されたケア

　介護保険の利用プロセスの概要は図 3-2 に示すとおりである．被保険者に介護の必要性が生じた場合，まずは住民票のある自治体に審査判定を申し込む．審査判定は 2 つのパート，すなわち①標準化された 82 の項目をもとにした定量的なコンピュータ判定，②保健医療福祉の学識経験者 5 名程度で構成された介護認定審査会での定性的判定，から構成される．そして，申請者は介護の必要性に応じて 8 つの判定（7 つの介護保険適応と介護不要の判定）に分類される．

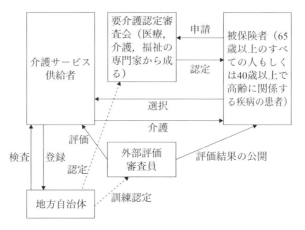

図 3-2 介護保険受給のプロセス

　これらの判定のおよその基準は表 3-1 の通りである。要支援 1 は最も軽く，要介護 5 はほぼ「寝たきり」を意味する。要介護 3 以上の被介護者は日常生活行動にフルサポートが必要で，その多くが認知症を患っている。表 3-2 にあるように，各カテゴリーはおよそ要介護者全体の 8〜20％の該当者がいる。

　要介護（あるいは要支援）の認定を受けた人は，様々なサービスの受給を組み合わせて選ぶことができる。表 3-3 はそれぞれのグレードで受けられるサービスの上限を示している。なお，支給は現物支給であり，現金給付ではない。

　日本の市場では幅広いサービスが選択可能である。表 3-4 は利用可能なサービスのタイプを示している。利用者（被介護者）は通常，こうした選択肢の中から適当なタイプのサービスを選ぶ。例えば，認知症対応型共同生活介護（グループホーム）を選んだ場合，ケアの費用はおおよそ表 3-5 に示された通りとなる。

表 3-1 要介護度ごとの平均的な状態

	要支援1	要支援2	要介護1	要介護2	要介護3	要介護4	要介護5
	現在の状態の悪化の防止のため、手段的日常生活動作において何らかの支援を要する状態	要支援1の状態から手段的日常生活動作を行う能力がわずかに低下し、何らかの支援が必要となる状態	要支援の状態から手段的日常生活動作を行う能力が低下し、部分的な介護が必要となる状態	要介護1の状態に加え、日常生活動作についても部分的な介護が必要となる状態	日常生活動作及び手段的日常生活動作に全面的な介護が必要となる状態	介護なしには日常生活を営むことが困難となる状態	介護なしには日常生活を行うことがほぼ不可能な状態
歩行や両足での立位保持などの移動動作		何らかの支えを必要とすることがある	何らかの支えを必要とすることがある	何らかの支えを必要とする	部分的な介助を必要とすることがある	できない	できない
立ち上がりや片足での立位保持などの複雑動作	何らかの支えを必要とすることがある	何らかの支えを必要とする	何らかの支えを必要とする	何らかの支えを必要とする	できない	できない	できない
排泄				部分的な介助を必要とすることがある	部分的な介助を必要とすることがある	全面的な介助を必要とする	全面的な介助を必要とする
食事				部分的な介助を必要とする	全面的な介助を必要とする	全面的な介助を必要とする	全面的な介助を必要とする
つめ切りや着替えなどの身の回りのこと	部分的な介助を必要とすることがある	部分的な介助を必要とすることがある	部分的な介助を必要とする	部分的な介助を必要とする	全面的な介助を必要とする	全面的な介助を必要とする	全面的な介助を必要とする
理解の低下	みられることがある	みられることがある	部分的にみられることがある	部分的にみられることがある	全般的にみられることがある	全般的にみられることがある	全般的にみられることがある
問題行動	みられることがある	みられることがある	みられることがある	みられることがある	みられることがある	みられることがある	みられることがある

出所）新潟市 [2008]。

表 3-2　要介護者の割合（2006 年 4 月）

	要支援 1	要支援 2	要介護 1	要介護 2	要介護 3	要介護 4	要介護 5
割合 （単位：千人） 合計：2,506（千人）	8.2％ (206.5)	9.1％ (227.2)	19.9％ (499.6)	18.7％ (469.8)	16.5％ (413.4)	14.6％ (365.7)	12.1％ (303.8)

注）上記の残り 0.8％（20.1）は暫定の要介護を受けている。
出所）厚生労働省［2008a］。

表 3-3　要介護度と月ごとの最大支給相当額

要介護度	月額支給サービス（最大）
要支援 1	49,700 円
要支援 2	104,000 円
要介護 1	165,800 円
要介護 2	194,800 円
要介護 3	267,500 円
要介護 4	306,000 円
要介護 5	358,300 円

出所）新潟市［2008］。

表 3-4　主な介護サービス

在宅介護	施設介護
訪問サービス 　訪問介護 　訪問看護 　訪問入浴介護 　訪問リハビリテーション	地域密着型サービス 　認知症対応型共同生活介護（グループホーム）
通所サービス 　デイサービス 　デイケア	施設サービス 　介護老人保健施設 　介護療養型医療施設 　養護老人ホーム 　特別養護老人ホーム
短期入所サービス 　ショートステイ 　短期入所療養介護	

表 3-5　グループホーム利用の費用

要介護度	費用（1日）	利用者負担（1日）
要支援 2	8,310 円	831 円
要介護 1	8,310 円	831 円
要介護 2	8,480 円	848 円
要介護 3	8,650 円	865 円
要介護 4	8,820 円	882 円
要介護 5	9,000 円	900 円

注）要支援 1 はグループホームのサービスを受けることができない。また，要介護 2 以下はグループホームに居住することはできない。

3　価格競争の排除

　日本の介護保険市場のユニークな特徴は価格競争を排除していることである。介護保険市場では，ケアは希望によって受けるものではなく，必要に応じて受けるものである。例えば，グループホームに居住したい高齢者が経済的に裕福でも，要介護度が 1 であれば，必要性がないので許可されないだろう（表 3-5 の注を参照）。加えて，介護供給者は必要に応じて定められたケアを定められた価格で提供する。

　しかし，不十分な「質」での介護提供は自然と，介護保険市場外に価格競争を有する新たな市場を創出することにつながる。第 1 章で議論したように，ヒューマン・サービス供給の重要な目的は一定レベルの質を担保することである。もし，介護保険市場のように管理された市場がこの目的を達することができなければ，人々はその市場の外に必要なケアを求めるだろう。

　その場合，価格競争を排除した，管理された市場の効果は，外の市場に価格競争があることで，限定的になる。したがって，私たちは日本の

介護保険市場が，価格競争がないという要件を満たすかを確かめるためには，介護保険市場で十分なケアが提供されているかどうかを精査する必要がある。次節からはこのことを，日本における介護保険の外に存在する（かもしれない）ケア市場について精査し，分析する。

4　介護保険の枠組みの外にある市場

日本にはいくつかの民間介護関連市場があるが，それらは管理された介護保険の枠組みを補完する補助的役割でのみ運営されている。施設系サービスに関しては，軽費老人ホームと呼ばれるタイプのサービスは日本の半ば自立した高齢者（つまり，原則として 60 歳以上で介護の必要はないが，家庭や住宅の事情や身体機能低下などのため自宅で暮らせない人）を対象に，食事などを提供するためのものである。軽費老人ホームは A から C に分類され，タイプ B は居住のみで，タイプ A と C は食事サービスも付く（タイプ C はバリアフリー構造が特徴で一般的にケアハウスとも呼ばれる）。軽費老人ホームはビジネスを開始するに当たり，自治体に登録をしなければならないが，サービスの価格は，居住者の財政状況に累進しなければならない管理費[2]を除いて，自由に設定できる。しかし，軽費老人ホームは介護を提供しているかという点では疑問が残る。彼らは特に高齢者を対象としているものの，居住や食事，洗濯といったホステルタイプのサービス以外，何も提供しない。被介護者（すなわち，居住民）が要介護度に応じた「介護」を必要とする場合，彼らは介護保険制度の枠内にある施設に転居するか，軽費老人ホームに居住したまま

---

[2] 管理費は A タイプ（食事付き選択可）で月額 0〜12 万円，B タイプ（食事なし）で月額 1.5〜3 万円，C タイプ（ケアハウス：原則バリアフリーで食事付き）で月額 1〜9 万円。

「在宅型サービス」を受けることになる。

　同様に，介護保険制度の枠外にある宅配市場も介護保険制度を代替するものではない。多くの民間企業が高齢者を対象に日常生活の補助となる，食事の宅配，買い物代行，電球等の電気製品の交換サービスを供給しているが，彼らが提供しているのは「介護」ではない。

　保険に関しては，いくつかの会社が民間介護保険を販売しているが，その影響は極めて限られている。これには論理的な理由がある。第一に，健康保険，自動車保険を含むその他の保険と比べて，介護保険の販売はコストがかかる。保険の販売に当たっては，原則としてリスクが被保険者にとって不都合である場合に最も利益が見込める。この原則は，被保険者が病気になったり事故にあったりすることを最大限避けようとすることから，健康保険や自動車保険を販売する場合に当てはまる。しかし，介護の場合，保険加入者が将来ナーシング・ホームに収容されるだろうという期待は，健康状態等の観察できる支払いリスクをコントロールした上でも，介護保険に加入しようという動機と強い相関がある（Sloan and Norton［1997］）。したがって，保険会社はリスクの高い加入希望者を避けるスクリーニングのために莫大な投資をしなければならない。Norton［2000］によれば，保険会社は通常，10～20％の加入希望者に断りを入れる必要がある。このスクリーニングのプロセスは当然，保険会社が利益を得るための足かせとなる。Cutler［1996］の研究によると，この管理の負担は典型的にはトータルの費用の半分から3分の2を占める。高いコストは保険料の上昇につながり，需要は低下する。これらの理由により，日本の民間介護保険加入率はとても低い。ややデータが古いが，40代で5.4％，50代で4.6％，60歳以上で6.9％である（日本損害保険協会［2002］）。結果として民間介護保険は日本における保険市場全体で1.3％を占めるに過ぎない（The Life Insurance Association of Japan［2002］）。

　結局，日本の民間介護保険市場は介護保険市場に対する補完的役割を

果たしているに過ぎず，両市場は競合しない。したがって，介護保険は日本において価格競争を排除する特徴を保持することになっているのである。

5　4つ目の要件──ケア品質情報の公開

　日本の介護保険が介護市場モデルの3つの用件を満たすことをこれまで見てきたが，同時に介護保険制度のオペレーションを担保するにはケア品質情報へのアクセスの重要性が高いことも明らかになってきた。以下の節は市場のすべての介護供給者の質に関する情報の普及において透明性が必要であることについて論じる。すべての被介護者はケア供給者の選択の参考となるケア品質の情報に同じようにアクセスできなければならない。このことは非常に重要なので，ケア品質情報へのアクセスは介護市場モデルが機能するためのひとつの要件として確立されるべきだろう。介護市場モデル導入の4つ目の要件として政府が供給者のケア品質情報を公開することを挙げる。

　日本の介護保険市場には，2種類の，供給者のケア品質担保制度がある。すなわち，地方自治体による毎年の設備点検と認定評価者による毎年の外部からの評価（外部評価および第三者評価含む）である。施設点検はすべての供給者に必須で，供給者は基本的な要件を満たしているかどうかを検査される。不合格となった供給者は業務停止等の処分となる。外部からの評価には，表3-6にまとめたように，3つのタイプがある。第一は，利用者に市場の供給者についての客観的な情報提供を意図した制度で，介護サービス情報公開制度と呼ばれる。この制度にすべての供給者が参加しなければならない。介護サービス情報は二種類の情報，すなわち，基本情報と運営情報（旧調査情報）からなる。基本情報は供給

表 3-6 介護保険制度におけるケア品質を担保する制度

評価	対象供給者	備考
介護サービス情報	すべて（必須）	介護サービス情報公表制度は自己評価と調査情報からなる。すべての情報は事実に基づく。介護サービス情報は利用者に偏りのない情報提供をすることを目的としている。
第三者評価	すべてが対象だが選択制（必須ではない）	第三者評価はコンサルテーションを通じて供給者のケアの質を向上させることを目的としている。
外部評価	グループホーム（必須）	外部評価は体が不自由な高齢者に代わってケア品質を評価する。

出所）厚生労働統計協会［2007］。

者の定員や職員の配置等を含み，運営情報はより詳細な，「スタッフ・トレーニングのガイドラインを有しているか」や「供給したサービスに関するデータベースを有しているか」といった情報を含んでいる。介護サービス情報の重要な特徴は，すべての情報に，事実に基づいた「客観性」があることである。介護サービス情報は，供給者がもつスタッフ・トレーニングのためのガイドラインの良し悪しを評価するような「主観的」な情報は一切含んでいない。代わりに，介護サービス情報は，供給者がスタッフ・トレーニングのためのガイドラインを持っているかという事実を問う。これにより，被介護者は，供給者の歪みのない情報を入手できるのである。

　第二は，第三者評価が，オプションだが，すべての供給者に開かれている。この評価の目的は供給者のケア品質を，専門的なコンサルティングで高めることである。供給者のケア・サービスや運営体制を分析しながら，地方自治体からライセンスを受けた評価者は供給者に対してフィードバックを与え，結果は一般公開される。しかし，すべての供給者が

評価対象になっているわけではないので，被介護者は通常，供給者を比較する目的で評価情報を利用することはない。いくつかの自治体は供給者に対し，この評価制度を毎年利用するよう強く推奨している。一方で，ほとんどの自治体はまだこの制度をオプションとして位置付けているに過ぎない。

　第三に，ケア品質の外部評価制度が地域密着型サービス供給者に対して必須である。地域密着型サービスにおけるほとんどの被介護者は，消費者としての権利を行使することが困難な，認知症を患った高齢者である。したがって，認定を受けた外部評価者[3]は被介護者に代わって供給者のケア品質を評価する。ケア品質の指標は中央政府によって設計され，3年ごとに更新される。評価結果は一般公開され，被介護者は供給者を選ぶ際に利用することが期待されている。

　これらの品質管理制度の導入の一方で，日本の介護保険制度はケア品質測定にいまだ慎重である。事実，強制力のあるケア品質の外部評価は被介護者が供給者の選択に使うケア品質情報を公開する唯一の制度である。したがって，被介護者は地域密着型サービスの供給者を選定する時のみ，ケア品質情報に対してアクセスが可能であるに過ぎない。

　介護保険市場の地域密着型サービスは，グループホームを含むいくつかのサービスからなる。しかし，グループホームが地域密着型サービスの大多数を占めることから，グループホームと地域密着型サービスという単語は本書でしばしば同義として使われる。本章の以下では，日本のグループホーム市場における必須の外部評価について特に考察する。

---

[3] 評価者は自治体によって認定される。

表 3-7　外部評価の評価項目

カテゴリー	サブカテゴリー
I. 運営理念	1) 運営理念の明確化（4項目）
II. 生活空間づくり	2) 家庭的な生活空間づくり（4項目） 3) 心身の状態にあわせた生活空間づくり（6項目）
III. ケア・サービス	4) ケア・マネジメント（7項目） 5) ホーム内でのくらしの支援（8項目） 6) 日常生活行為の支援（10項目） 7) 生活支援（2項目） 8) 医療機関の受診等の支援（9項目） 9) 入居者の地域での生活支援（1項目） 10) 入居者の家族との交流支援（1項目）
IV. 運営体制	11) 事業の統合性（10項目） 12) 情報の開示・提供（2項目） 13) ホームと家族との交流（3項目） 14) ホームと地域との交流（4項目）

出所）福祉医療機構［2010a］。
注）評価項目は2008年以降段階的に更新されているが，本書の分析で用いるのは2008年以前の評価項目である。

6　必須の外部評価

　ケア品質に関する必須の外部評価（以後，外部評価）の内容はケア品質の幅広い分野をカバーする。2005年度に導入されたこの評価制度は，グループホーム市場をカバーし，サービス品質の公表・改善を目的としている[4]。表3-7はサービス品質の外部評価の項目を示している。

　他のあらゆる評価手法同様，必須の外部評価はケアの質を測る完璧なものではない。しかし，この評価は，生活環境や運営体制等ケア実施の背後にある重要な項目をカバーしている。しかも，各項目は，介護の質

---

4) 正式導入の前に2年間の試用期間があった。2005年以前は2年の試用期間のうち最低一度は評価結果を公表することが義務付けられていた。

において特に重要な細かな点に言及しており，それらは，多くの被介護者が（認知症等のため）必ずしも意見を発することができない今日の状況（Braithwaite［2006］）において，介護の質を担保する上で重要な役割を果たしている。実際，介護の品質保証の国際比較を行った Wiener et al.［2007］は，「日本は認知症を患った人のための介護の質保障に特別な方法を採用している唯一の国である」（p. 8）と述べ，外部評価制度の包括性を評価した。

おわりに

　本章は，日本の介護保険制度が導入の条件を満たしていることを明らかにすることで，前章で提示した介護市場モデルが実現可能であることを確認した。具体的には，日本の介護保険制度は①ユニバーサル介護制度，②被介護者の状態に合わせた標準化された内容のケア，そして③価格競争の排除，を内包している。

　しかし，介護市場モデルが機能するためには，日本の介護保険制度でケア供給者の介護の品質に関する情報が公に公開されなければならない。そうでなければ，被介護者は供給者の介護の質について比較できず，介護の質をもとにした選択ができなくなるからである。日本では，すべての地域密着型サービス（つまり，グループホーム）の供給者のケア品質情報が公に公開されている。本章では，供給者のケア品質情報を公開することを，介護市場モデルが機能する上で不可欠な前提のひとつとした。

　次章は「品質情報へのアクセス」の条件が市場における情報の非対称性の課題を解決できるか分析することで，介護市場モデルをさらに深く検証する。

第 4 章

介護市場での実装効果性の検証

　本書では，市場競争によって介護の質が持続的に高まるよう，利用者が介護の質に基づいて供給者を選択できるようにすべきであると主張してきた。そして，前章では，日本のグループホーム市場では，介護の質が供給者を選択するほぼ唯一の要素として機能し得ることを明らかにした。では，グループホーム市場のケースは介護市場モデルの正当性を示すだろうか？　もしそうであれば，以下の3つの条件を満たすはずである。①利用者は介護の質に基づいて供給者を選択する，②供給者間の競争が介護の質を高める，③新規参入者は供給者が介護の質によって選ばれることを認識しているため，さらに質の高いケアを市場にもたらす。
　しかし，先行研究では，ケア市場には，利用者と供給者の間に情報の非対称性があることが指摘されており，それは上記の条件に相反する。相反する情報の非対称性のモデルには，以下の3つがある。
　①利用者は供給者が「非営利団体」であることを質のよいサービスの目安としてとらえるとする「契約の失敗（Contract Failure）モデル」。
　②介護市場における競争はサービスの質をむしろ低下させるとする「メディカル・アームス・レース（Medical Arms Race：MAR）モデル」。
　③介護市場において，新規参入者の提供するサービスは，メディカ

ル・アームス・レース仮説による競争を一層意識するため，参入者が増えるほど市場全体のサービス品質が悪化するとする「佐竹・鈴木仮説」。
したがって，本章では，日本のグループホーム市場における外部評価制度の結果を調査し，特に介護市場モデルの達成と対立するこれら3つのモデルの妥当性を検証する。

1　検証モデルの概説

　介護市場モデルの前提と相反する情報の非対称性モデルは以下の3つである。
　①契約の失敗モデル――利用者は必ずしもサービスの質に基づいて供給者を選択しない

　Hansmann［1980］によって提唱された「契約の失敗モデル」は，介護市場には利用者と供給者の間には情報の非対称性が存在するために，利用者はサービスの質に基づいて供給者を選択できないとしている。そのため，利用者は供給者のオーナーシップをサービスの質の目安とする。すなわち，ご都合主義的に行動する傾向があると考えられる営利団体より非営利団体の供給者を選択する（Hansmann［1980］, Hirth［1999］）。

　しかし，だからといって必ずしも非営利的な供給者の介護の質が実際に営利的な供給者のそれより優れているというわけではない（遠藤［1995］，鈴木［2002］）。この主張に対しては3つの反論がある。第一に，オーナーシップによる制約により，非営利団体には営利団体ほど対費用効率やサービスの質向上に対するインセンティブがない（James and Rose-Ackerman［1986］）。第二に，価格競争から保護されている市場の場合，供給者のオーナーシップに関わらず，サービスの質向上に対するイ

ンセンティブが見出しづらい（Tuckman and Chang［1988］，南部［2000］）。第三に，情報の非対称性を最小限に抑える情報技術の発展が営利的な供給者にとって有利に働く可能性が高い（Ben-Ner［2002］）。

　こうした議論は多数の実証研究にも反映されている。Weisbrod［1980］および Cohen and Spector［1996］は，米国における介護市場について調査し，非営利団体の方が営利団体よりサービスの質が高かったと結論付けた。それに対し，やはり米国における介護市場について調査した Gertler［1984］は，反対の主張をしている。さらに，Nyman［1988］および O'Brien, Saxberg and Smith［1983］は，両者に有意な差はないと結論付けた。遠藤［2006］は，こうした異なる結果が出たのはサービスの質が明確に定義されていないことによるものであるとした。

　それでも，「契約の失敗」仮説は正しい可能性がある。Hansmann［1980］が述べているように，非営利団体の方が営利団体よりサービスの質が高ければ，当然，被介護者の「目安」は正しいことになり，「契約の失敗」はないということになる。しかし，先述のように，供給者のオーナーシップとサービスの質の因果関係はいまだ不明である。

　この「契約の失敗」に対する解決策は，被介護者がサービスの質に関する情報を供給者から得られるようにすることである。Hirth［1999］は，繰り返し購入することが，被介護者が供給者のサービスの品質レベルを把握する助けとなると指摘している。これは高齢者介護サービスにおいては現実的ではないかもしれない。しかし，情報の非対称性が「契約の失敗」の条件となっていることから，被介護者と供給者の間にある情報の格差を埋めることは重要である。

　日本の介護保険市場は，積極的にこの情報格差を埋める取り組みを行ってきた。2000年に介護保険制度を導入した日本政府は，標準化した介護品質評価指標を作成し，評価結果のデータベースを構築した。2003年の任意の第三者評価システム，2005年のコミュニティ・サービスに

対する義務的な評価システム「外部評価制度」，そして 2007 年の介護保険情報開示システム「介護サービス情報公開制度」は，いずれもこの評価指標の例である。この情報を一般の人が見られるようにするデータベースについては，福祉保健医療情報ネットワーク（ワムネット：WAM-NET）システムが 2001 年から運営されている。

　しかし，供給者のオーナーシップが介護の質に影響するかしないかという議論は日本でも見られる。Morozumi［2007］は，東京都と大阪市における認知症対応型共同生活介護（以後「グループホーム」）供給者の調査を行った。Morozumi［2007］は，多角化により非営利団体の方が営利団体より質の高い介護を提供するとした。それに対し，鈴木［2002］は 2001 年に関東地方の在宅介護供給者を調査した結果，供給者のオーナーシップによって介護の質に有意な差は認められなかったが，同年の非営利団体のマーケット・シェアは，質が同等なはずの営利団体より多い，75％にのぼっていたと報告している。鈴木［2002］は，これは一種の「契約の失敗」であると指摘した。ちなみに，その 6 年後，この契約の失敗による「歪」が是正されて営利団体のマーケット・シェアは 50％近くまで上昇した。桜井［2008］は，京都府と滋賀県のグループホーム供給者のサービスの質を分析し，非営利団体と営利団体のサービスの質には依然として有意な差はないとした。桜井は，非営利団体と営利団体のサービスの質の差のなさがマーケット・シェアに除々に反映されていった可能性を示唆している（図 4-1）。つまり，日本の介護保険市場には「契約の失敗」はなかったということになる。

　提案した介護市場モデルについて，本書では先行研究における 2 つの欠点に対処することを目指した。1 つ目は分析するデータの質と量に関してである。当時の研究環境では容認可能な範囲であったものの，鈴木［2002］および Morozumi［2007］による調査のサンプルサイズはわずか数百であった（鈴木：437，Morozumi：108）。桜井［2008］の研究では，

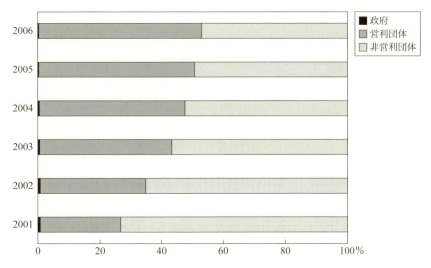

図 4-1 供給者タイプ別のマーケット・シェアの推移（2001～06 年の 10 月時点）
出所）厚生労働省［2007］。

全国 47 都道府県のうち 2 府県のデータしか使用していなかった。これらの結果は，データの妥当性について疑問を残した。2 つ目は，供給者のオーナーシップが介護の質に影響を及ぼすか否かという議論の理由の調査に関するものであった。したがって，本書では供給者のオーナーシップの特徴について分析する。

②メディカル・アームス・レース（MAR）モデル──競争は必ずしもサービスの質を向上させない

　MAR モデルは，介護市場の競争が市場の介護サービスの質をむしろ低下させるとしている。市場での競争力を高めるため，供給者はケアの質自体を向上するためにではなく，宣伝や建物の改築・設備の刷新に投資するというわけである（Hersch［1984］, Luft et al.［1986］, Robinson［1988］）。

　このモデルは米国の保険市場において積極的な研究が行われており，

多くの供給者がこの現象を認めている。Wilson and Jadlow［1982］は，競争度を市場集中度と定義し[1]，市場の競争が激しいほど技術的な効率が低下するとした。Farley［1985］によると，競争的な市場では病院でのケアの価格が高くなる傾向がある。しかし，Robinson and Luft［1985］は，その反対こそ正しいとしている。Zwanziger and Melnick［1988］は，この現象は競争的な市場における病院の過剰処方によるものとした。Devers, Brewster and Cassalino［2003］および Berenson, Bodenheimer and Pham［2006］は，過剰処方が薬や治療から病院設備へと拡大しているとした。

MAR モデルには，いくつかの批判がある。Dranove, Shanley and Simon［1992］は，競争的な市場の病院は最新の設備を導入してハイテク治療に対するニーズに応える必要があるとした。つまり，そうした病院の治療費が高くなるのは当然であり，これは効率の問題ではないということである。さらに，「介護の質」を死亡率と定義し，「市場競争度」をハーフィンダール・ハーシュマン指数（HHI）によって定義した Shortell and Hughes［1988］は，介護の質と市場構造の間の因果関係を否定した。Kessler and McClellan［1999］も MAR 仮説を否定しており，市場の競争が激しいほど患者の死亡率は低下するとしている。米国の介護施設に関する研究では，Gertler and Waldman［1992］が市場構造によりサービスの質は高まるとしている。それに対し，Nyman［1994］は，MAR 症候群を避けるために介護施設の入所可能者数を規制する政策を批判し，そうした政策は効率的であろうとする供給者の取り組みに水を差すとしている。

日本の介護保険市場では，この問題に関する研究がほとんど行われていない。その例外的な研究で注目に値するのは，南部［2000］の理論的研究および周・鈴木［2004］の実証的研究である。南部［2000］は市場

---

[1] 競争度は（対象範囲）×（病院密度）×（人口密度）で測られる（Wilson and Jadlow［1982］）。

に価格競争がないことを指摘し，市場競争は入所費獲得や宣伝だけでなく介護の質の競争にもつながると論じている。周・鈴木［2004］は，日本で介護保険制度が導入された直後の2001年9月に関東地方の介護供給者を調査し，介護の質と市場競争度との間に相関はほとんど認められなかったとした。

本書では，日本の介護保険制度導入から年数を経た後の介護の質と市場競争度の関連性を調査する。両者に関連性があった場合は，その背景にある理由についても探る。

③佐竹・鈴木モデル——新規参入者は必ずしもより的確なサービスを市場にもたらさない

佐竹・鈴木モデルは，介護市場への新規参入者は介護の質向上に貢献しないとしている。一般的に，新規参入者はより的確なサービスを市場にもたらすと期待されるが，介護市場の場合は介護の質向上ではなく宣伝にリソースがあてられる可能性がある。佐竹・鈴木［2001］は，2000年に関東地方における445の在宅介護供給者を調査した結果，新規参入者のコスト全体に占める宣伝費の割合は旧参入者より大きいと指摘している。

一方，南部［2000］は異なる見解を示している。南部は，新規参入者が市場に参入する際，既存の供給者の採算価格（Pr）より低い採算価格（Ps）を採用すると仮定した。したがって，既存供給者はその余剰利益（$Pr - Ps$）を介護の質向上に使用する可能性がある。しかし，この場合，$Pr - Ps$ は佐竹・鈴木［2001］が論じるように介護の質向上以外（宣伝など）に回される可能性もある。また，この宣伝競争により Pr が Ps に対抗する価格に引き下げられる可能性もある。

しかしながら，佐竹・鈴木モデルについては依然として妥当性を確認する必要がある。このモデルの調査は，日本の介護保険制度導入直後に行われた。当時の既存供給者は非営利団体が大多数を占めていたのに対

し，市場規制緩和により新規参入者は大半が営利団体であった。さらに，先述の通り，政府は被介護者と供給者の間の情報格差を埋めることで，この問題の解決に努めてきた。したがって，本書ではこのモデルに関して，新規参入者がより的確なレベルの介護を今日の市場にもたらすか否かを調査する。

2 検証方法とデータ

　上記 3 つのモデルの妥当性を検証するため，今回の研究では主に供給者の介護の質（つまり外部評価の結果）と供給者の様々な属性との相関関係を調査する。これらの属性とは，契約の失敗モデルについてはオーナーシップ，MAR モデルについては供給者の所在地域の市場競争度，そして佐竹・鈴木モデルについては市場参入のタイミングである。

　データには，会計年度で 2006／2007 年度のグループホーム供給者[2]についてのワムネット・データベース[3]を使用した。サンプルは，日本のグループホーム供給者全体の 13％を占める関東 6 県[4]のグループホーム供給者 1,093 例[5]とした。表 4-1 に供給者の分布をオーナーシップ別に示す。今回の調査での全体的な分布は国の調査と大差ないが，調査対象地域では営利法人がやや多く，医療法人がやや少ない。本研究では公共の供給者は調査しなかった。

　供給者の介護の質は，外部評価の各サブカテゴリーの項目達成率によ

---

[2] 本調査が行われた時点で最新であった 2007 年度のデータは，同年に多くの都道府県で評価項目が修正されたため，比較に用いることができなかった。
[3] WAM-NET は，独立行政法人福祉医療機構が運営する，介護供給者のサーチエンジンである。
[4] 東京都は，他県と大きく異なる評価項を独自に採用しており，比較できないことから本調査に含んでいない。
[5] これは調査当時における該当地域の全グループホーム供給者数である。

表 4-1 オーナーシップ別に示した供給者の分布

オーナーシップ		今回の研究	国の調査
営利団体	株式会社,有限会社	646 (60.43%)	4,417 (52.9%)
非営利団体	社会福祉法人	196 (18.33%)	1,826 (21.9%)
	医療法人	144 (13.47%)	1,554 (18.6%)
	協同組合	0 (0%)	31 (0.4%)
	市民団体	1 (0.09%)	29 (0.3%)
	NPO法人	81 (7.48%)	453 (5.4%)
	その他の組織	1 (0.09%)	23 (0.3%)
公共団体	地方公共団体	0 (0%)	17 (0.2%)
	社会福祉団体(社会福祉法人を除く)	0 (0%)	0 (0%)
合　計		1,069 (100%)	8,350 (100%)

注) 国の調査データは厚生労働省［2007］から引用した2007年10月時点のデータである。オーナーシップの分類はShimizutani and Suzuki［2002］を参照した。24の供給者はリンク切れによりオーナーシップ情報が得られず，本表から除外した。

って定量化する（表4-2）。表4-2に示す項目はすべて中央政府によって導入された標準化したサブカテゴリー評価指標である。地方自治体はこれらの標準サブカテゴリーに地域的な項目を追加することもできるが，本研究では県をまたいでデータを収集するため，標準フォーマットのみを検討する。外部評価結果では，供給者の各項目の合否がコメントとともに示される。したがって，本分析ではサブカテゴリーの全項目数のうち供給者が合格した項目数により，各サブカテゴリーの達成率を算出する。例えば，サブカテゴリー11の運営手順は10項目からなる。供給者が10項目中6項目に合格すれば，そのサブカテゴリーの達成率は0.6（60%）となる。これをすべてのサブカテゴリーに適用する。介護品質の合計スコア（以後「合計スコア」）が全14項目の平均達成率となる。

さらに，本分析では主成分の介護品質スコアも活用する。上記の合計スコアでは，すべてのサブカテゴリーを同等に扱っている。しかし，例

表 4-2　外部評価

カテゴリー	サブカテゴリー	項目
I. 運営理念	1) 運営理念の明確化（4項目）	a) 理念の具体化および運営理念の共有 b) 運営理念の明示 c) 権利・義務の明示 d) 運営理念の啓発
II. 生活空間づくり	2) 家庭的な生活空間づくり（4項目）	a) 気軽に入れる玄関まわり等の配慮 b) 家庭的な共用空間づくり c) 共用空間における居場所の確保 d) 入居者一人ひとりにあわせた居室の環境づくり
	3) 心身の状態にあわせた生活空間づくり（6項目）	a) 身体機能の低下を補う配慮 b) 場所間違い等の防止策 c) 音の大きさや光の強さに対する配慮 d) 換気・空調の配慮 e) 時の見当識への配慮 f) 活動意欲を触発する物品の用意
III. ケアサービス	4) ケアマネジメント（7項目）	a) 個別具体的な介護計画 b) 介護計画の職員間での共有 c) 介護計画への入居者・家族の意見の反映 d) 介護計画の見直し e) 個別の記録 f) 確実な申し送り・情報伝達 g) チームケアのための会議
	5) ホーム内でのくらしの支援（8項目）	a) 入居者一人ひとりの尊重 b) 職員の穏やかな態度 c) 入居者一人ひとりの過去の経験を活かしたケア d) 入居者のペースの尊重 e) 入居者の自己決定や希望の表出の支援 f) 一人でできることへの配慮 g) 身体拘束のないケアの実践 h) 鍵をかけない工夫
	6) 日常生活行為の支援（10項目）	a) 馴染みの食器の使用 b) 入居者一人ひとりにあわせた調理方法・盛り付けの工夫 c) 個別の栄養摂取状況の把握 d) 食事を楽しむことのできる支援 e) 排泄パターンに応じた個別の排泄支援 f) 排泄時の不安や羞恥心等への配慮 g) 入居者一人ひとりにあわせた入浴支援 h) 理美容院の利用支援 i) プライドを大切にした整容の支援 j) 安眠の支援
	7) 生活支援（2項目）	a) 金銭管理の支援 b) ホーム内生活拡充支援

	8) 医療機関の受診等の支援（9項目）	a) 医療関係者への相談 b) 早期退院に向けた医療機関との連携 c) 定期健康診断の支援 d) 身体機能の維持 e) トラブルへの対応 f) 口腔内の清潔保持 g) 服薬の支援 h) 緊急時の手当 i) 感染症対策	
	9) 入居者の地域での生活支援（1項目）	a) ホームに閉じこもらない生活の支援	
	10) 入居者の家族との交流支援（1項目）	a) 家族の訪問支援	
IV. 運営体制	11) 事業の統合性（10項目）	a) 責任者の協働 b) 職員の意見の反映 c) 入居者の状態に応じた職員の確保 d) 継続的な研修の受講 e) ストレスの解消策の実施 f) 入居者の決定のための検討 g) 退去の支援 h) ホーム内の衛生管理 i) 注意の必要な物品の保管・管理 j) 事故の報告書と活用	
	12) 情報の開示・提供（2項目）	a) 調査等の訪問に対する対応 b) 相談・苦情受付の明示	
	13) ホームと家族との交流（3項目）	a) 家族の意見や要望を引き出す働きかけ b) 家族への日常の様子に関する情報提供 c) 入居者の金銭管理	
	14) ホームと地域との交流（4項目）	a) 市町村との関わり b) 地域の人たちとの交流の促進 c) 周辺施設等の理解・協力への働きかけ d) ホーム機能の地域への還元	

出所）福祉医療機構［2010a］。

えばサブカテゴリー3の「心身の状態にあわせた生活空間づくり」はサブカテゴリー4の「ケアマネジメント」ほど重要ではない可能性があり，またその反対の可能性もある。したがって，本分析では，各サブカテゴリーの主成分スコアを計算することで，各サブカテゴリーのスコアに重み付けする。表4-3に示すように，主成分（表中の成分1）における分散率はわずか20％であり，他はいずれも10％未満である。したがって，

表 4-3　説明された総分散

成分	元の固有値			抽出後の負荷量平方根		
	合計	分散率（％）	累積率（％）	合計	分散率（％）	累積率（％）
1	2.988	20.696	20.696	2.898	20.696	20.696
2	1.280	9.141	29.838	1.280	9.141	29.838
3	1.149	8.205	38.042	1.149	8.205	38.042
4	.979	6.990	45.032			
5	.973	6.947	57.979			
6	.938	6.698	58.677			
7	.857	6.123	64.800			
8	.829	5.922	70.723			
9	.785	5.609	76.332			
10	.743	5.304	81.636			
11	.695	4.966	86.602			
12	.670	4.788	91.390			
13	.621	4.432	95.822			
14	.585	4.178	100.000			

注）抽出法：主成分分析。

分散率を高めるために，サブカテゴリー2「家庭的な生活空間づくり」とサブカテゴリー3「心身の状態にあわせた生活空間づくり」など類似したサブカテゴリーを統合することによってデータをクリーンにするのは，明らかに妥当であると言える。それでも，これらのサブカテゴリーこそ被介護者が供給者を選択するにあたって調べる点であることから，本分析ではすべてのサブカテゴリーをそのまま手を加えずに扱う。そこで，サブカテゴリーを統合する代わりに，今回は成分1のみを使用し，各サブカテゴリーのスコアに成分1の重みを掛けた（表4-4を参照）。例えば，カテゴリー1の主成分のスコアは0.556nとなる。主成分の合計スコアが，各カテゴリーの主成分の平均スコアとなる。

さらに，本分析では介護の質向上について調査する。前年の介護の質に関する情報を収集することにより，年ごとの供給者の介護品質の推移を比較する。つまり，調査した会計年度のスコアを前年度のスコアから

表 4-4　成分マトリックス

サブカテゴリー	成分 1	成分 2	成分 3
1）運営理念の明確化	.556	.215	−.080
2）家庭的な生活空間づくり	.415	−.550	−.067
3）心身の状態にあわせた生活空間づくり	.435	−.478	−.253
4）ケアマネジメント	.474	.200	−.362
5）ホーム内でのくらしの支援	.456	−.328	.178
6）日常生活行為の支援	.521	−.090	.115
7）生活支援	.368	.110	.371
8）医療機関の受診等の支援	.567	.114	−.296
9）入居者の地域での生活支援	.360	−.312	.464
10）入居者の家族との交流支援	.275	.102	.552
11）事業の統合性	.636	.149	−.321
12）情報の開示・提供	.251	.455	.168
13）ホームと家族との交流	.381	.426	.115
14）ホームと地域との交流	.498	.051	.088

注）抽出法：主成分分析。

差し引いたものが向上スコアとなる。つまり，平均が 0 を上回れば向上，0 を下回れば低下したことになり，数値の大きさが程度を表す。

　本分析では，まず契約の失敗モデルについて調査し，営利団体と非営利団体による介護の質を比較する。日本の市場の場合，営利団体の供給者とは株式会社と有限会社を指し，非営利団体の供給者とは社会福祉法人，医療法人，協同組合，市民団体，NPO 法人，およびその他の非営利組織（ボランティア団体など）を指す。公共団体の供給者である地方公共団体と社会福祉団体（社会福祉法人は除く）はサンプルが小さいため，これらについては検討しない（前掲図 4-1 を参照）。

　MAR モデルについては，HHI によって市場競争度を評価する。HHI は，おそらく経済学の研究において最もよく使用されている市場競争度の尺度であるが，これまで日本の介護保険市場の研究に適用された例はない。本分析では，HHI を以下のように推定する。まず，各供給者の

マーケットシェアは，その供給者の収容能力を当該自治体の収容能力全体で割ったもの[6]と定義する。これは，対象年度におけるグループホームの収容率がほぼ100％であり[7]，市場における介護費が一律に規制されていたためである。次に，HHIの公式を適用する。

$$H = \sum_{i=1}^{N} s_i^2$$

例えば，2つの供給者がそれぞれ50％のマーケットシェアを持つ市場の場合，HHIは $0.50^2 + 0.50^2 = 0.5$ となる。したがって，供給者の介護品質とHHIとの相関関係により，MARモデルの妥当性が検証／判定される。

佐竹・鈴木モデルについては，データ収集年度に最初の評価を受けた供給者を新規供給者，最初の評価がデータ収集年度より前の供給業者を既存供給者と定義する。新規供給者と既存供給者の介護品質の比較により，佐竹・鈴木モデルの妥当性を評価する。

本分析では，考えられるデータバイアスを取り除くために，その他の属性もいくつか利用する。第一に，系列事業を供給者の属性として使用する。先述の通り，日本の介護保険制度では，被介護者が保険の範囲内で介護サービスを自由に選択したり組み合わせたりすることができる。前章の表3-3および表3-5で示したように，グループホーム入所者（要介護3以上）の介護保険給付金はグループホームの利用費より多いため，グループホーム入所者は追加の介護サービスを検討することができる。こうした要介護3以上の被介護者は，介護の質のみではなく，追加サー

---

[6] グループホームは地域密着型サービスに属する（厚生労働省［2006a］）ので，グループホームにとっての「市場」はサービスを行っている自治体の範囲内と推定できる。

[7] 厚生労働省の調査によれば，グループホームの平均利用者は（短期利用者を除くと）2006年度で平均119,433.3人となる（厚生労働省［2008a］）が，2006年10月時点におけるグループホームのキャパシティは123,580人（厚生労働省［2007］）である。つまり，年間を通じた収容率は97％であると推計できる。

ビスの選択肢に基づいて，グループホーム供給者を選択する可能性がある。したがって，本分析ではグループホーム供給者の主な系列事業（デイケア，地域密着型在宅介護，および在宅介護）を仮変数（つまり「はい」の場合は1，それ以外は0）とする。

第二に，供給者の収容能力を考慮する。供給者あたりの最大入所可能者数は制限されているが（1ユニット9人まで，最大ユニット数3），収容能力は供給者によって異なる。入所者数は供給者の介護品質に影響を及ぼす可能性がある。収集データによると，収容能力は最大28人，最少5人で，標準偏差は15.4である。しかし，その他の1以下の変数との格差を考慮し，この元データを自然対数 $y = \ln(n)$（n は収容能力）に変換する。したがって，収容能力が9の場合，$\ln(9) = 2.20$ となる。

ただし，介護費規制の範囲外である供給者の家賃および食費は考慮しない。後に本研究に反論する論文を執筆した Sugahara [2010][8] は，グループホームの家賃および食費が規制されていないことを指摘した。そして，被介護者は供給者を選択する際に，介護の質よりこれらの費用を考慮する可能性があるとした。確かに，グループホームの家賃や食費は，介護費と異なり供給者によって差がある。一部のグループホーム供給者の家賃は月10万円以上もする（朝日新聞 [2006]）。とはいえ，これらの価格差分の影響はごく限られている。グループホームの部屋はほぼ例外なくワンルームタイプである。グループホームの被介護者はADL能力が限られている[9]ため，基本的にそれ以上大きな部屋を必要としない。食事については，地方自治体によるグループホーム施設の立ち入り検査

---

8) 本章の実証部分は既に次の論文として発表されている。Kadoya [2010] "Managing the Long-Term Care Market: The Constraints of Service Quality Improvement", *Japanese Journal of Health Economics and Policy*, Vol. 21 (E1): 247-264. また，同論文に対しては，Sugahara が "Invited Counter Argument for 'Managing the Long-Term Care Market'" という論文を著している。

9) グループホームに居住するには原則要介護度3以上が必要（前掲表3-5参照）。

表 4-5 記述統計

	n	最低	最高	平均	標準偏差
新規参入のダミー変数	1090	0.00	1.00	0.22	0.42
系列事業のダミー変数					
デイケア	1078	0.00	1.00	0.78	0.29
地域密着型在宅介護	1078	0.00	1.00	0.02	0.14
在宅介護	1078	0.00	1.00	0.01	0.12
オーナーシップ（営利団体）のダミー変数	1069	0.00	1.00	0.60	0.49
ln（収容能力）	1070	1.61	3.33	2.65	0.42
HHI	1076	0.01	1.00	0.22	0.25
新規参入のダミー変数 2005／2006 年度	407	0.00	1.00	0.86	0.34
合計サービス品質スコア	1093	0.47	1.00	0.92	0.08
主成分の合計サービス品質スコア	1093	0.23	0.51	0.47	0.04
サービス品質スコアの向上	409	−0.35	0.37	0.06	0.08
主成分の合計サービス品質スコアの向上	409	−0.17	0.18	0.03	0.04

注）向上スコアのサンプル数が少ない理由は，外部評価システムが導入された最初の年であった 2005／2006 年度の評価結果を年度内にワムネットを通じて公開しなかった供給者が多かったためである．その後，厚生労働省は地方自治体に対し，評価データの年度内開示を供給者に指示するよう強く求めた（厚生労働省［2006a］）．

により，それほど大きな差は生じえない．さらに，食事の満足度については，既に介護の質の一部として考慮されている（表 4-2 の介護品質基準，特に 6)「日常生活行為の支援」の項目 b), c), d) を参照）．したがって，そうした価格差の影響は小さいと考えられる．表 4-5 に本分析で使用したすべての定量化データの記述統計を示す．

3　結　　果

1）契約の失敗モデルの不成立

　契約の失敗モデルは，被介護者と供給者の間における情報の非対称性により，介護市場の被介護者は介護の質に基づいて介護供給者を選択しないとしている。Hansmann［1980］によると，被介護者は特に非営利団体の方が営利団体より介護の質が高いと考えるため，非営利団体を選びがちである。この主張は研究者の間で議論を呼んだ。そこで，本項の最初の部分では，非営利団体の方が優れているという仮定と「契約の失敗」仮説について調査する。続いて本項の後半では，その調査結果の示すことを説明することにより，先行研究における意見の対立の原因をさらに詳しく考察していく。

　表 4-6 は，表 4-2 に示した 14 のサブカテゴリーを用いて，供給者の 2 種類のオーナーシップ（非営利団体と営利団体）別に平均スコアを示している。介護の質を評価するために，2 組のスコアを用意した。先に説明した通り，「合計スコア」は単純に 14 のカテゴリーすべての平均達成率である。「合計向上スコア」は，2006／2007 年度の「合計スコア」から 2005／2006 年度の合計スコアを差し引いたものである。つまり，数値が 0 を上回れば向上，0 を下回れば低下したことになり，数値の大きさが程度を表す。「主成分スコア」と「主成分向上スコア」は，各カテゴリーに異なる重み付けをして評価する主成分分析により推定している。さらに，t 検定および重回帰分析の列では，「F」が営利団体のスコアの方が非営利団体のスコアより有意に大きいことを示し，「N」はその逆を示す。

　まず，営利団体と非営利団体の全体的な差について見てみる。営利的な供給者と非営利的な供給者の平均達成率は，それぞれ 0.92 および

表 4-6 供給者のオーナーシップ別のサービス品質の比較

		営利団体	非営利団体	t 検定	重回帰分析
1	運営理念の明確化	0.87 (0.19)	0.88 (0.19)		
2	家庭的な生活空間づくり	0.94 (0.14)	0.94 (0.13)		
3	心身の状態にあわせた生活空間づくり	0.95 (0.11)	0.95 (0.10)		
4	ケアマネジメント	0.91 (0.16)	0.91 (0.15)		
5	ホーム内でのくらしの支援	0.95 (0.10)	0.96 (0.08)	N**	N*
6	日常生活行為の支援	0.95 (0.08)	0.95 (0.09)		
7	生活支援	0.91 (0.19)	0.92 (0.18)		
8	医療機関の受診等の支援	0.92 (0.11)	0.93 (0.10)	N*	N*
9	入居者の地域での生活支援	0.95 (0.22)	0.94 (0.23)		
10	入居者の家族との交流支援	0.98 (0.13)	0.99 (0.08)		
11	事業の統合性	0.89 (0.13)	0.92 (0.11)	N**	N**
12	情報の開示・提供	0.95 (0.15)	0.95 (0.15)		
13	ホームと家族との交流	0.94 (0.16)	0.92 (0.17)	F**	F*
14	ホームと地域との交流	0.77 (0.26)	0.80 (0.24)	N*	
	合計スコア（全カテゴリーの平均スコア）	0.92 (0.08)	0.93 (0.07)		
	主成分のスコア	0.47 (0.04)	0.47 (0.04)		
	向上スコア（全カテゴリーの平均向上スコア）	0.05 (0.08)	0.06 (0.08)		
	主成分の向上スコア	0.03 (0.02)	0.03 (0.02)		

注）カッコ内の数字は標準偏差を示す。*5％有意水準，**1％有意水準。

0.93 である。非営利的な供給者の方が営利的な供給者よりややスコアが高いものの，その差は統計的に有意ではない。これは主成分スコアについても同様である。さらに，向上スコアに差が認められないことから，この結果は一時的なものではないと考えられる。したがって，営利団体と非営利団体のサービスの質に有意な差はない。

しかし，この単純比較では供給者のその他の変数がコントロールされていないため，誤解を招く可能性があった。そこで，本書では①市場環境としての HHI，②系列事業，③市場参入のタイミング（供給者が新規参入者か否か[10]）を供給者の変数として調査した。表 4-7 にこれらの変数のオーナーシップ別分布を示す。これを見ると，営利団体の方が被介

護者の収容能力があり，系列事業としてデイサービスを有し，新規参入者である割合が高かった。

表4-8は，介護の質の「合計スコア」と「主成分のスコア」をそれぞれ被説明変数とした重回帰分析の結果を示している。オーナーシップの仮変数は，「合計スコア」に対しても「主成分のスコア」に対しても統計的に影響を及ぼしていない（合計スコア：p値＝0.319＞0.05，主成分のスコア：p値＝0.236＞0.05）。これはつまり，Hansmann［1980］の主張に反し，依然として営利団体と非営利団体の介護の質に有意な差はないということである。

オーナーシップ別の介護品質の差は妥当と考えられる。営利団体と非営利団体の介護の質の比較は，マーケットシェアの差を示唆しており，前掲図4-1に示したように，マーケットシェアは被介護者の選択を表している。結果的に，この市場に「契約の失敗」は認められなかった。

しかし，被介護者が介護の質に基づいて供給者を選択すると結論付けるにはまだ早い。被介護者の選択に関連するオーナーシップ以外の変数もコントロールする必要があるからである。さらに重要な点として，2006／2007年度の被介護者の多くは，介護市場における需要が供給を上回っていたために，供給者を選択する余地がなかった可能性もある。実際に，市場内のほぼすべてのグループホームが年度を通じて満員であった（本章の注7を参照）。図4-1に示したように，より多くの営利団体が市場に参入し，多くの被介護者は単に利用可能なグループホームがそこしかなかったからという理由で営利的な供給者を選択した。したがって，「契約の失敗」が存在すると結論付ける前に，介護市場の需要に対して十分な供給があるようになるまで待つ必要があるかもしれない。

本分析では，オーナーシップによるサービスの質の特徴に目を向け，

---

10) 2006年度に初めて外部評価を受けた供給者を新規参入者とする。

表 4-7　供給者のオーナーシップ別分布

		営利団体	非営利団体
サンプル数		646	423
市場環境	市場のハーフィンダール指数（平均）	0.2186	0.2133
系列事業	デイサービス	63（10％）	21（5％）
	地域密着型在宅介護サービス	18（3％）	3（1％）
	在宅介護サービス	14（2％）	1（0％）
市場参入のタイミング	新規参入	167（26％）	75（18％）
規模	収容能力（平均）	15.70	14.95

表 4-8　その他の変数の影響

従属変数		合計スコア 標準係数（p値）	主成分のスコア 標準係数（p値）
市場環境	ハーフィンダール・ハーシュマン指数	−0.092（0.003**）	−0.090（0.004**）
系列事業	デイサービスの仮変数（1=はい，0=その他）	0.071（0.038*）	0.071（0.037*）
	地域密着型居宅介護サービスの仮変数（1=はい，0=その他）	−0.016（0.673）	−0.017（0.653）
	居宅介護サービスの仮変数（1=はい，0=その他）	−0.038（0.309）	−0.040（0.284）
市場参入のタイミング	新規参入の仮変数（1=はい，0=その他）	−0.093（0.003**）	−0.093（0.003**）
規模	ln（収容能力）	−0.045（0.139）	−0.044（0.152）
オーナーシップ	オーナーシップの仮変数（1=営利団体，0=非営利団体）	−0.031（0.319）	−0.037（0.236）
補正 R^2		0.016	0.016

先行研究における契約の失敗モデルをめぐる論争について考察する。前掲表4-6の右列は，重回帰分析によって他の変数をコントロールし，各カテゴリーを従属変数とした場合の営利団体と非営利団体のサービスの質に差があるかを示している。

この結果は特徴的である。非営利団体は「ホーム内でのくらしの支援」，「医療機関の受診等の支援」，「事業の統合性」といった被介護者に直接関係するカテゴリーで優れているのに対し，営利団体は「ホームと家族との交流」の点で非営利団体よりも優れている。家族との交流が評価基準に選ばれているのは，自立性が損なわれている被介護者[11]の声を家族が代弁する機会が多いためであろう。営利団体の方が，被介護者の家族の声に対して敏感であるといえる。

本分析が明らかにした上記の点は，こうした営利団体と非営利団体の特徴的な差が，先行研究における意見の対立の原因となっていた可能性を示唆するものである。つまり，どの観点に立つかによって，どちらも他方より優れていると言える。例えば，Morozumi［2007］は被介護者の観点のみからサービスの質を評価した結果，非営利団体の方が望ましいと結論付けた。それに対し，鈴木［2002］は，情報開示の側面[12]をサービスの質のカテゴリーに含め，営利団体の方が優れている可能性があると主張している。

2）MARモデルの不成立

MARは，市場競争度が介護の質を低下させるとする理論である。本項では，まず市場競争度の指標を提示し，その後，競争市場と非競争市場における供給者の介護の質を比較する。そして最後に，その結果のイ

11）グループホームに居住するには原則要介護3以上が必要である。
12）これには関係者（サービス利用者の家族等）のために発行するお知らせまたはニュースレターを含む。

ンプリケーションについて考察する。

　HHI と介護の質との間には負の因果関係があることは既に表 4-8 で示したが，本項ではさらに HHI が 0.1 以下を競争市場，HHI が 0.18 以上を非競争市場として供給者を 2 つのグループに分け[13]，影響をさらに調査する。

　表 4-9 は，各市場の記述統計を示している。競争市場の方が新規参入者が多く，供給者の収容能力が高いことがわかる。

　表 4-10 は，供給者の市場競争度別の介護品質の平均スコアを示している。「主成分のスコア」と「主成分の向上スコア」は，異なる重み付けをした主成分分析により推定する。さらに，t 検定による比較に加え，各項目を従属変数とした重回帰分析により市場の違いが項目の評価に有意な影響を与えているかを示している。「C」は競争市場の供給者のスコアの方が非競争市場の供給者より有意に大きいことを示し，「N」はその逆を示す。

　上記の結果は，「競争市場の供給者」の方が「非競争市場の供給者」より全体的な介護の質が有意に高いことを示している。合計スコアは，競争市場の供給者が 0.94，非競争市場の供給者が 0.91 で，競争市場の供給者のスコアの方が非競争市場の供給者より高く，この差は統計的に有意である。これは「主成分のスコア」についても同様である。したがって，この結果は MAR モデルの仮説が成り立たないことを示している。

　MAR モデルは，市場競争がサービスの質を低下させると主張している。MAR モデルに批判的な研究者の間では，非競争市場にもサービスの質向上に対するインセンティブはほとんどないという主張もあるが，これは正しくなかった。今回の向上スコアは，データが得られた 2 年間（2005／2006 年度と 2006／2007 年度）における供給者のサービス品質の

---

13) Parkin and Bade［2006］によれば，HHI0.18 以上は集中（すなわち，低競争）を示し，HHI0.1 以下は非集中（すなわち，高競争）であることを示す。

表4-9 供給者の市場競争度別分布

		競争（HHI≦0.1）	非競争（HHI≧0.18）
サンプル		435	426
オーナーシップ	営利団体	256（59%）	252（59%）
系列事業	デイサービス	32（7%）	44（10%）
	地域密着型在宅介護サービス	9（2%）	12（3%）
	在宅介護サービス	9（2%）	6（1%）
市場参入のタイミング	新規参入	119（27%）	73（17%）
規模	収容能力（平均）	16.1	14.7

表4-10 供給者の市場競争度別の介護品質の比較

		競争市場	非競争市場	t検定	重回帰分析
1	運営理念の明確化	0.91（0.16）	0.85（0.20）	C**	C*
2	家庭的な生活空間づくり	0.95（0.13）	0.93（0.15）	C**	
3	心身の状態にあわせた生活空間づくり	0.97（0.09）	0.95（0.12）	C**	
4	ケアマネジメント	0.93（0.13）	0.89（0.16）	C**	C*
5	ホーム内でのくらしの支援	0.97（0.10）	0.94（0.07）	C**	
6	日常生活行為の支援	0.96（0.07）	0.95（0.08）	C*	
7	生活支援	0.94（0.16）	0.90（0.20）	C**	
8	医療機関の受診等の支援	0.94（0.09）	0.91（0.11）	C**	
9	入居者の地域での生活支援	0.96（0.19）	0.94（0.24）		C*
10	入居者の家族との交流支援	0.99（0.10）	0.99（0.12）		
11	事業の統合性	0.92（0.11）	0.89（0.14）	C**	
12	情報の開示・提供	0.96（0.14）	0.95（0.15）		
13	ホームと家族との交流	0.95（0.14）	0.92（0.18）	C**	C*
14	ホームと地域との交流	0.81（0.24）	0.75（0.26）	C**	
	合計スコア（全カテゴリーの平均スコア）	0.94（0.07）	0.91（0.07）	C**	C**
	主成分のスコア	0.48（0.19）	0.46（0.04）	C**	C**
	向上スコア（全カテゴリーの平均向上スコア）	0.04（0.08）	0.07（0.08）	N**	
	主成分の向上スコア	0.02（0.01）	0.04（0.02）	N**	

注）カッコ内の数字は標準偏差を示す。*5%有意水準，**1%有意水準。

推移を示している。競争市場と非競争市場の供給者のスコアは、それぞれ 0.04 および 0.07 であり、いずれも 0 を上回っていることから、介護の質が向上したことを示している。これは主成分のスコアの向上についても同様である。

見たところ、特に「運営理念の明確化」、「入居者の地域での生活支援」、「ホームと家族との交流」といった PR 関連のカテゴリーについては、「競争市場の供給者」の方が優れているようである。しかし、この強みは生活環境や介護サービスのカテゴリーにも達している。本書は介護市場における HHI と包括的なサービス品質評価を用いた初の MAR の実証研究である。その結果は、供給者のサービスの質情報を公にする外部評価が、被介護者と供給者の間の情報格差による MAR 症候群を防ぐのに極めて有用であることを示している。

こうした情報格差の最小化は、介護の質向上に対するインセンティブを「非競争市場の供給者」にもたらす。前掲表 4-10 に示したように、非競争市場の供給者の平均向上スコアは、競争市場の供給者よりさらに高くなっている。結果として、外部評価は市場のサービスの質を高めている。

3）佐竹・鈴木モデルの部分的成立

佐竹・鈴木モデルは、介護市場への新規参入者は介護の質を向上させないとする仮説である。この仮説の妥当性を調査するため、本分析では 2006／2007 年度に最初の評価を受けた供給者を新規供給者、2006／2007 年度以前に最初の評価を受けた供給者を既存供給者と定義した。本項では、両者の比較と同モデルからのインプリケーションを提示する。表 4-11 は、新規参入者と既存供給者の変数の分布を表している。新規参入者はより競争的な市場に参入する傾向があり、既存供給者の方が系列事業としてデイケアサービスを行っている割合が高い。

表 4-11　供給者の市場参入別分布

		新規	既存
サンプル		241	849
系列事業	デイサービス	10（4％）	74（9％）
市場環境	地域密着型居宅介護サービス	3（1％）	12（1％）
	居宅介護サービス	0（0％）	4（0％）
	ハーフィンダール・ハーシュマン指数	0.17	0.23
規模	収容能力（平均）	15.1	15.5
オーナーシップ（営利団体の仮変数）		164（68％）	481（57％）

　表4-12は，供給者の市場参入のタイミング別のサービス品質カテゴリーの平均スコアを示している。「主成分のスコア」と「主成分の向上スコア」は，異なる重み付けをした主成分分析により推定する。また，t検定による比較に加え，各評価項目の達成度を被説明変数とした重回帰分析により市場の違いが項目の評価に有意な影響を与えているかを示している。「N」は新規参入者のスコアの方が既存供給者より有意に大きいことを示し，「O」はその逆を示す。

　表4-12の合計スコアは，新規参入者が0.91，既存供給者が0.93である。既存供給者のスコアは新規参入者よりやや高く，この差は統計的に有意である。これは「主成分のスコア」についても同様である。したがって，この結果は佐竹・鈴木モデルの仮説が成り立つことを示している。

　また，佐竹・鈴木［2001］は，新規参入者が「余剰利益」をサービスの質向上ではなく，宣伝など他のものに回すとも主張している。この説明の妥当性を検証するため，両年度（2006／2007年度および2005／2006年度）についてデータが得られた既存供給者のサービスの質の推移を表4-13に示す。さらに，これらの供給者について，2005／2006年度に市場へ参入した供給者を「新規参入者」，その他を「既存供給者」と再定

表 4-12 供給者の市場参入別のサービス品質の比較

		新規参入者	既存供給者	T検定	重回帰分析
1	運営理念の明確化	0.86 (0.19)	0.88 (0.19)		
2	家庭的な生活空間づくり	0.93 (0.15)	0.94 (0.13)		
3	心身の状態にあわせた生活空間づくり	0.87 (0.13)	0.92 (0.10)	O*	O**
4	ケアマネジメント	0.95 (0.18)	0.95 (0.15)	O*	O**
5	ホーム内でのくらしの支援	0.95 (0.10)	0.95 (0.09)		
6	日常生活行為の支援	0.95 (0.08)	0.95 (0.08)		
7	生活支援	0.92 (0.19)	0.92 (0.19)		
8	医療機関の受診等の支援	0.90 (0.12)	0.93 (0.10)	O**	O**
9	入居者の地域での生活支援	0.95 (0.23)	0.95 (0.23)		
10	入居者の家族との交流支援	0.99 (0.11)	0.99 (0.12)		
11	事業の統合性	0.89 (0.13)	0.90 (0.13)		
12	情報の開示・提供	0.93 (0.17)	0.95 (0.14)	O*	O**
13	ホームと家族との交流	0.90 (0.19)	0.94 (0.15)		O**
14	ホームと地域との交流	0.75 (0.27)	0.79 (0.25)		O*
	合計スコア（全カテゴリーの平均スコア）	0.91 (0.09)	0.93 (0.07)	O**	O**
	主成分のスコア	0.46 (0.05)	0.47 (0.04)	O**	O**
	向上スコア（全カテゴリーの平均向上スコア）	―	0.06 (0.03)	―	―
	主成分の向上スコア		0.02 (0.01)		

注) カッコ内の数字は標準偏差を示す。*5％有意水準，**1％有意水準。

表 4-13 供給者の市場参入別の介護品質向上の比較

	新規参入者	既存供給者	t検定	重回帰分析
向上スコア（全カテゴリーの平均向上スコア）	0.06 (0.03)	0.02 (0.02)	N**	N**
主成分の向上スコア	0.03 (0.02)	0.01 (0.01)	N**	N**

注) カッコ内の数字は標準偏差を示す。*5％有意水準，**1％有意水準。

義し，新規参入者と既存供給者の向上を比較できるようにした。しかし，南部［2000］が示唆したように，表4-13は新規参入者の方が既存供給者より介護の質を向上させたことを示している。

このように，結果は新規参入者が介護の質向上競争を市場にもたらさないことを示している。しかし，新規参入者は介護の質を確かに向上さ

せており，余剰利益を向上に回していることが考えられる。

　表4-12の各カテゴリーのスコアは，市場参入のタイミング別の特徴を表している。これを見ると，「情報の開示・提供」，「ホームと家族との交流」，「ホームと地域との交流」といった運営体制のカテゴリーのサブカテゴリーでは，既存供給者の方が高いパフォーマンスを示しているようである。一方，介護サービスのカテゴリーでは，「医療機関の受診等の支援」を除き，新規参入者と既存供給者の間にほとんど差は認められない。これは，介護の運営体制面で経験がより重要であることを示唆している。

おわりに

　本章では介護市場モデルの実証的有効性を調査するため，介護市場モデルと対立する3つの介護市場情報非対称性モデルの妥当性を検討した。これらの情報非対称性モデルとは，①契約の失敗モデル，②MARモデル，および③佐竹・鈴木モデルである。分析は，日本の介護市場における1,093のグループホーム供給者の介護品質データの検証に基づいた。

　本章では，3つの主な実証的所見を提示した。第一に，市場における介護の質に非営利団体の優越性は認められなかった。介護の質の善し悪しは，観点によって異なる可能性がある。すなわち，被介護者は非営利団体による介護を好むのに対し，家族は家族との交流をより重視する営利団体を選ぶ可能性がある。しかし，営利団体と非営利団体の全体的な介護品質の差は統計的に有意ではなかった。第二に，供給者の介護品質情報開示システムは，被介護者と供給者の間にある介護情報格差を埋め，市場競争を介護の質向上に仕向けることへとつながった。第三に，新規市場参入者は介護の質の点で既存供給者より劣っていたものの，翌年度

は新規参入者の方が既存供給者より大きく向上した。新規参入者の課題は，介護自体より介護の運営体制にあった。

　結論として，3つの検証モデルはいずれも完全には成り立たなかった。サービス提供者と利用者の間に情報の非対称性が存在する前提で導き出された3つの仮説は，少なくとも日本のグループホーム市場のデータの分析結果とは整合的ではなかった。もちろん，この分析だけで，日本の介護市場に情報の非対称性が存在しないとすることは難しいが，日本政府の情報公開の試みは，少なくとも情報の非対称性が存在することを前提とした，市場の失敗モデルの成立を防ぐのに一定の役割を果たしていると見ることができる。本書の分析では，新しい介護市場モデルを提案するにあたり，少なくとも，サービス供給者と需要者の間の情報の非対称性は，当たり前の前提ではないことを示すことができた。言い換えれば，グループホーム供給者は，概ね前章で提示したモデルのように，より質の高い介護に向けて競争し合っている可能性が高い。

$$(3) \quad \max_{q} \pi = ix(q) - c(q|\overline{x})$$

したがって，介護品質評価システムがあり，介護市場モデルの実施条件を満たすグループホーム市場では，介護市場モデルの有効性は，ある程度証明された。

　また本章では，供給者の介護の質を評価し，公表することの重要性に対する根拠も示した。検証した3つの情報の非対称性モデルでは，被介護者が供給者の介護の質を比較し，介護の質に基づいて供給者を選択することができないとされていた。しかし，本章の検証の結果，政府が供給者の介護品質を測定し，その情報を公表する場合，情報の非対称性を前提としたモデルは十分に機能しない可能性が示された。

　したがって，介護品質情報の公表は，介護市場モデルの導入に対する4つ目の条件となる。現時点で，介護市場モデルの条件は，①介護サー

ビスのユニバーサル給付，②被介護者の状態ごとに標準化された介護サービス，③価格不競争，④供給者の介護品質評価の公表の４つとなった。

　これは，介護の品質問題を解決するためには，日本の在宅介護や施設介護を含むその他すべての介護市場においてこれらの条件が満たされ，介護市場モデルによって市場競争を介護品質の向上に仕向ける必要があることを示唆している。

# 第5章

財政的持続可能性

　前章では，すべての介護市場が，長らく続いているケア品質問題を解決するために介護市場モデルを採用すべきとの結論に達した。しかし，このモデルの実施にはいくつかの要件がある。すなわち①ユニバーサル給付体制，②被介護者のコンディションに応じた標準化された内容のケア，③価格競争の制限，④供給者のケア品質評価を公開すること，である。

　本章は介護市場モデルの主張が，財政的持続可能性の点で，机上の空論にならないよう議論する。なかでも，介護市場モデルの条件に挙げられながら，財政的負担が大き過ぎるとしてしばしば批判されるユニバーサル給付制度について考察する。

1　財政負担とユニバーサル給付

　通常，ユニバーサル給付は低所得者のみへの給付に比べて費用がかさむと考えられる。すべての人が対象になるユニバーサル給付では，低所得者のみが対象となる給付と比べて，給付対象者の数が何倍にもなるのは明らかだからである。仮に，低所得者層が全体の20％を占めている

としたら，低所得者のみへの給付はその20％に属する者のみに給付すればよい。一方，ユニバーサル給付では，対象者が全体つまり100％になるので，給付対象者がその5倍になる。対象者が5倍になれば，かかる費用も5倍程度になるので，一般的に多くの政府は，財政的持続可能性を懸念し，ユニバーサル給付の導入を躊躇すると考えられる。

　しかし，実は，ユニバーサル給付を採用している国の公的負担の大きさは，低所得者のみへの給付形式をとっている国の公的負担に比べ必ずしも多くない。図5-1は，ややデータが古いが，y軸に公的介護支出の対GDP比，x軸に人口に占める80歳以上高齢者の割合をプロットしている。カッコ内のUはユニバーサル給付，Mは低所得者のみへの給付（ミーンズ・テステッド，Means-tested）を示している。もちろん，国によって「介護」の定義が多少異なる上，縦軸の出典であるOECDのデータも各国の集計年度に多少のばらつきがあるため，この図で表している数値はあくまで目安である。しかしながら，一目見てわかるように，Uの国の負担はMの国の負担より必ずしも多いわけではない。例えば，日本（U）やドイツ（U）の費用は平均以下である一方，アイルランド（M）の費用は平均を上回っている。確かに，スペインとスウェーデンは，比較的「予想通り」に近い結果が出ているように見える。しかし，スペインに関しては，同国がデータ収集当時，公的介護制度の整備がやや遅れていたことが主な理由と考えられる（スウェーデンの高い公的費用に関しては後述）。前述の議論では，仮に低所得が全体の20％を占めるとしても，ユニバーサル給付を採用する場合，低所得者のみへの給付をとる場合と比べて給付対象者が5倍になるので，公的費用も約5倍になると推計した。しかし，実際の両者の差は，5倍どころかほとんどない。なぜだろうか。

　これはもちろん，ユニバーサル給付を採用する国の公的負担の相対的な少なさが，民間支出にしわ寄せしているということではない。ユニバ

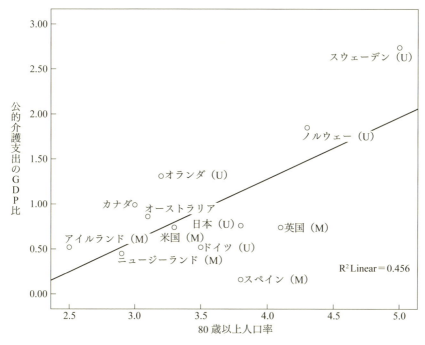

図 5-1 公的介護支出と 80 歳以上人口率の相関

注) カナダとオーストラリアのカッコ内に標記がないのは，同国がユニバーサル給付と低所得者のみへの給付の中間とも言える，所得に応じた給付制度を取っているためである。
出所) 図 1-1, 図 1-2 および表 1-2。

ーサル給付は，基本的に公的給付が最低限必要な介護に責任を負うので，むしろ民間介護支出を大きく縮小させる。表 5-1 は総介護支出に占める民間介護支出比率を示している。ユニバーサル給付を採用する国の平均民間支出比率は，低所得者のみへの給付を採用する国の比率よりはるかに低く，全体としても効率的である。

ユニバーサル給付を採用する国の介護支出が効率的である理由は，「規模の経済」による効用にある。表 5-2 は，世界銀行が図 5-1 と同時期に集計したデータで，各国の所得格差の大きさを示している。ジニ係数は，値が大きいほど所得格差が大きいことを示し，「上位 10％」は所

表 5-1 総介護支出に対する民間介護支出の割合

(％)

ユニバーサル		低所得者のみへの給付 (ミーンズ・テステッド)		その他	
スウェーデン	5	アイルランド	16	カナダ	20
日本	8	ニュージーランド	34	オーストラリア	28
オランダ	9	英国	35		
ノルウェー	14	米国	42		
ドイツ	3	スペイン	73		
平均	7.8	平均	40	平均	24

出所）図 5-1。

表 5-2 ジニ係数と市場タイプ

	ジニ係数	上位 10％	市場
日本	24.9％	21.70％	U
スウェーデン	25％	22.20％	U
ノルウェー	25.8％	23.40％	U
ドイツ	28.3％	22.10％	U
オランダ	30.9％	22.90％	U
スペイン	32.5％	25.20％	M
カナダ	33.1％	25.00％	－
オーストラリア	35.2％	25.40％	－
アイルランド	35.9％	27.60％	M
英国	36％	28.50％	M
ニュージーランド	36.2％	27.80％	M
米国	40.8	29.90％	M

出所）World Bank [2005]。

得の上位10％が全体の富のどの程度を占めるかを示している。興味深いことに，比較的所得格差の小さい国は「ユニバーサル給付（U）」を，所得格差が比較的大きい国は「低所得者のみへの給付（M）」を採用し，所得格差の大きさにより綺麗に分かれている。つまり，所得格差の小さい国では，国民の多くが望む介護サービスの水準が同程度にまとまるため，政府はその水準のサービス供給の実現に資源を集中的に投資できる（規模の経済が働きやすい）。一方，所得格差の大きな国では，高所得者

と低所得者の望む介護サービスの水準が大きく乖離し，政府は資源を一定の水準のサービス供給に集中できず（規模の経済が働きにくく），効率が悪くなる。この効率性の違いにより，結果としてユニバーサル給付の国と低所得者のみへの給付の国の間の公的介護支出の差が小さく現れると考えられるのである。

　では，先ほど「外れ値」を示したスウェーデンはなぜ，所得格差が小さいにもかかわらず，公的支出が比較的多額だったのだろうか。様々な原因があるだろうが，ここでも重要だったのは「規模の経済」の効用と考えられる。データ収集時からスウェーデン（およびノルウェー）は，公的介護の地方分権が非常に進んだ国として知られていた。地方分権により，国民全体の所得格差は小さくとも，地域の特質によって求められる内容が大きく異なることによって，政府は資源を集中させることができず，規模の経済が働きにくかったのではないかと考えられるのである。確かに，福祉における地方分権の進展度は単純な数値化ができないため，この考察の実証が難しいことは留意しなければならない。しかしながら，スウェーデンの介護供給者の労働生産性が他国と比べて極端に低いことが何らかの形で証明されない限り，スウェーデンにおいて地方分権が，介護供給における規模の経済の効用を損ねているとする推察は論理的であろう。

2　「規模の経済」の重要性

　前節では，「規模の経済」が介護のユニバーサル給付にとって，効率性の点で非常に重要であることを述べた。本節では，この理由を，経済学的に介護サービスをユニバーサルに給付することの意味に立ち返って詳しく検討する。

まず，経済学では，介護は，公共財ではなく，私財のひとつとして分類され得る。公共財とは，競合性の無さ（non-rivalled）と排除性の無さ（non-excludable）を持つ財であり，私財はその反対である。競合性の無さや排除性の無さとはそれぞれ次のような意味である。一個人の財の消費が，他の人が財を消費する機会を妨げない。そして，その財を消費することから誰も排除されない。現実世界では，完全なる競合性の無さや排除性の無さを持つ財は存在しないかもしれないが，経済学者は，いくつかの財は，経済学的な分析に「使える」程度にはこれらのコンセプトに合致していると考えている。例えば，ある一人の市民が国防によって守られているとする。しかし，そのことでその国の国防が他の人にとって利用できなくなるわけではなく，他の人も同様に国防の恩恵を享受できる。実際，特定の誰かを国防の範囲外とするのは非常に難しいだろう。したがって，国防は競合性がなく，排除性がない，公共財であるということができるのである。逆に，誰かが目の前にひとつだけあるケーキを食べると，その人が食べた分だけ周りの人が食べられる分のケーキが減ってしまう。人はケーキを食べることから他人を効果的に排除することが可能である。したがって，ケーキは私財である。この点，定員の決められている施設で行われることもある介護も同様である[1]。一方，公共財は，タダ乗りするひと（free rider）を排除することができない。このことは，言い換えれば，政府は，理論的には介護という，公共財ではないものを供給する必要は必ずしもないことを意味する。実際，多くの国が，介護の供給を基本的に自由競争市場に任せ，政府は低所得者のみへの給付に限り責任を負っている。

　しかし，社会構造の変化により政府は，メリット財という概念とともに多くの非公共財（すなわち，私財）の供給を開始した。Musgrave

---

1) しかし，介護は，ケーキと比べれば，複数の患者に対応できる点で競合的ではないといえるかもしれない。

[1957][1959] によって紹介されたメリット財という考え方は，消費者の選択とは別の，個人や社会にとってノルマとして必要とされる財のことである。メリット財とは，言い換えれば，ある政府の統治地域（多くの場合「国」）にとって重要だが，社会全体で共同することにメリットがある非公共財と言える。

　一部の国で，介護は社会で共同購入して社会の構成員でそれをシェアすることが社会のメリットになる財となった。ユニバーサル給付制度の採用である。社会のメリットとは，すなわち社会全体で財を共同購入する投入量に対し，リターンが大きくなることである。共同購入による規模の経済の効用によって，生産要素の限界効用がある地点で著しく向上する。固定的投入量と可変的投入量（例えば，施設の定員とケア・ワーカー）の生産システムで言えば，規模の経済の効用により，ある地点を超えると，可変的投入量が一単位増えるごとに，アウトプットが飛躍的に向上し，追加一単位にかかる可変的投入量のコストはますます小さくなる。この現象が伴って初めて，社会は介護を共同購入する「メリット」がある財として認知するのである。

3　財の統一性と所得格差

　規模の経済の効用を得るには，財の統一性が不可欠である。生産される財が同じでないと，大量生産によって限界効用が著しく向上することはないからである。このことは，必要性の観点から，社会で共有するメリットが極めて大きいにも関わらず，メリット財としての供給において失敗例があることでも説明できる。まず，最もわかりやすい失敗例は，「食物」である。食物は社会のどのメンバーにとっても必要である。そのために，歴史上の多くの社会で，食物市場のユニバーサル給付を用い

て，食物を共同購入して社会のメンバーに配分する試みが行われた。しかし，通常，食物の好みは個人ごとに異なる。米を好む人もいれば，パンを好む人もいる。牛肉を好む人がいれば，鶏肉を好む人もいる。このため，食品のユニバーサル給付は規模の経済の効用を発揮できず，こうした試みは，大災害や戦争後の食料欠乏時期を除けばほとんどすべてのケースでうまくいかなかった。一方で，メリット財として比較的うまく機能する財には初等教育がある。初等教育の目的は，社会全体で読み書きや計算，基礎的な社会規範等の共通の知識体系を共有することなので，教育内容は統一的である。このため，初等教育のユニバーサル給付は規模の経済の効用を享受し，実際に多くの国で機能しているのである。

　介護をはじめヒューマン・サービスで財の統一性を毀損するのは貧富の差である。一般的に，富裕層が欲するサービスと貧困層のそれとは大きく異なる。富裕層は豪華で行き届いたサービスを欲し，貧困層は質素で簡略なサービスを欲する。社会の中で貧富の差が大きいと財の需要は多様化し，貧富の差が小さいと誰もが合意する一定のサービス・レベルを社会が設定することが容易になり，財の統一化が進む。これが，先に示した，ユニバーサル給付を採用する国が，結果的に効率良く介護を行き渡らせている要因である。

　この知見はヒューマン・サービス供給の持続可能性に多くのインプリケーションを含んでいる。すなわち，社会費用の負担を少なくし，持続可能なヒューマン・サービス市場を作るには，まず社会の貧富の差を小さく保たなければならない。逆にこれができなければ，少なくともユニバーサル給付を導入するメリットはなくなるだろう。

　例えば，近年米国のユニバーサル・ヘルスケア制度の取り組みである医療保険制度改革（通称：オバマケア）が大変な論争を巻き起こしたのは，所得格差が大きい中でのユニバーサル・ケア制度導入の試みであったことと無関係ではないだろう。もちろん，山岸［2014］や天野

[2013] が指摘するように，米国の建国の理念から歴史をさかのぼって，この論争をある種米国特有の現象として捉える見方にも一定の真実があるだろう。しかし，同じ米国が，現在よりも所得格差がはるかに小さかった1960年代に，年齢制限はあるものの，条件をクリアすればある種オバマケア以上によりユニバーサル給付の側面があった公的医療保険制度「メディケア」をさほど大きな抵抗なく創設した事実は注目に値する。

また，地方分権が，結果的に地域間の貧富の差を広げる可能性がある点も今後の地方創生，地方分権議論に興味深い示唆を与える。スウェーデンの場合は，国全体としては貧富の差が小さかったが，地方分権により裕福な地域とそうでない地域の差が大きくなっている可能性がある。富裕層が多く住む地域，大企業を抱える地域等は，税収も大きいので，地方分権のメリットを活かし，行き届いたサービスができるが，そうでない地域は簡素なサービスしかできない。そして，こうして統一性を毀損したサービスは，全体として規模の経済の効用を享受できず，結果的に全体としての費用が割高になってしまうのである。

4 低所得者のみへの給付制度における質の改善

前節では，介護市場モデルの基礎であるユニバーサル給付が，所得格差が大きな市場では実施が難しいことを説明した。確かに，すべての市場は，長く続くケア・システムの問題を解決する介護市場モデルの実施のために，ユニバーサル・システムの利用を考えるべきである。しかし，所得格差を小さくすることは，通常長い時間を要する。そして，その間も低品質の介護に関わる問題は存在し続ける。そこで，本節では，低所得者のみへの給付を維持しながらも，なるべく費用をかけずにサービスの質を改善する方法を議論する。

1) 低所得者のみへの給付を前提としたモデルの改善

2章で述べたように,低所得者のみへの給付の場合のケア市場モデルは以下のようになる。

$$(2) \qquad \max_{p,q} \pi = px(p, q) + r(\bar{x} - x(p, q)) - c(q|\bar{x})$$

ここでは,メディケイドの払い戻しrとベッド供給$\bar{x}$は規定値であり,人々は,利益πを最大にするために私的価格pとケアの質qを選択する。

このモデルの改善にはまず,払い戻し(r)をメディケイドの受け手それぞれの現況と関連付ける必要がある。前述のように,払い戻し(r)は利用者のニーズを反映しておらず(第2章参照),そのために,メディケイドの利用者を表3-1に見られるようないくつかの等級に分類し,それに応じて払い戻し(r)をすることが重要になる。こうすることで,メディケアの受け手が,ただ払い戻し(r)を受けるだけでなく,少なくとも私費の利用者と同じぐらい,価格とケアの質について考えるようになる。

$$(2') \qquad \max_{p,q} \pi = px(p, q) + rx(p, q) - c(q|\bar{x})$$

2) レバレッジを使ったモデル

公的機関によるケアの質の評価結果が利用可能なケースでは,費用をあまりかけずに評価項目のレバレッジを用いたケアの質の改善が可能な場合がある。例えば,角谷[2011]は,第4章でも用いた日本のグループホームのデータを用い,評価項目同士の因果関係を調査した。その結果,介護施設が運営理念を従業員に明示,共有し,啓発することが,ケア・サービスの改善につながっていることが明らかになった。つまり,運営理念の共有,明示,啓発という,改善に比較的コストがかからない項目をレバレッジとして,ケア・サービスの改善を試みることができる

第 5 章 財政的持続可能性 113

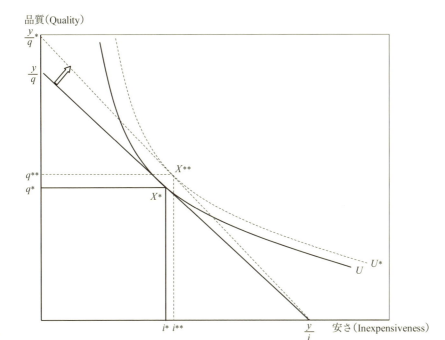

図 5-2 ケアの分化と均衡

のである。

第 2 章で説明したように、ケアの質の最低水準を設定する従来の規制アプローチは、質の改善に伴う価格上昇のために、利用者の満足度を下げ、さらに一部の利用者の介護へのアクセスを断ってしまう副作用があった。

しかしながら、ケアの質の評価結果が利用可能であれば、このように評価項目の改善要因を分析することで、政府は効率よくケアの質の評価を改善する方法を施設に提案できるようになる可能性がある。すなわち、図 5-2 が示すように、必要なケア量のラインを $(y=qq^*+ii^*)$ から $(y=qq^{**}+ii^{**})$ へ動かすことで質を向上させる。そのために、ケアは、ライン $(y=qq^{**}+ii^{**})$ とケアの受け手の新たな無差別曲線 (U^*) の接点、

114　第I部　ヒューマン・サービス時代の経済学モデル

表5-3　日本のグループホー

		1)	2)	3)	4)	5)	6)	7)
1)	Pearson Correlation	1	.244**	.228**	.300**	.259**	.272**	.208**
	Sig. (2-tailed)		.000	.000	.000	.000	.000	.000
	N	1093	1093	1093	1093	1093	1093	1093
2)	Pearson Correlation	.244**	1	.386**	.145**	.243**	.265**	.136**
	Sig. (2-tailed)	.000		.000	.000	.000	.000	.000
	N	1093	1093	1093	1093	1093	1093	1093
3)	Pearson Correlation	.228**	.386**	1	.282**	.315**	.261**	.099**
	Sig. (2-tailed)	.000	.000		.000	.000	.000	.001
	N	1093	1093	1093	1093	1093	1093	1093
4)	Pearson Correlation	.300**	.145**	.282**	1	.200**	.257**	.200**
	Sig. (2-tailed)	.000	.000	.000		.000	.000	.000
	N	1093	1093	1093	1093	1093	1093	1093
5)	Pearson Correlation	.259**	.243**	.315**	.200**	1	.286**	.214**
	Sig. (2-tailed)	.000	.000	.000	.000		.000	.000
	N	1093	1093	1093	1093	1093	1093	1093
6)	Pearson Correlation	.272**	.265**	.261**	.257**	.286**	1	.253**
	Sig. (2-tailed)	.000	.000	.000	.000	.000		.000
	N	1093	1093	1093	1093	1093	1093	1093
7)	Pearson Correlation	.208**	.136**	.099**	.200**	.214**	.253**	1
	Sig. (2-tailed)	.000	.000	.001	.000	.000	.000	
	N	1093	1093	1093	1093	1093	1093	1093
8)	Pearson Correlation	.330**	.176**	.262**	.353**	.274**	.320**	.221**
	Sig. (2-tailed)	.000	.000	.000	.000	.000	.000	.000
	N	1093	1093	1093	1093	1093	1093	1093
9)	Pearson Correlation	.215**	.145**	.150**	.138**	.224**	.152**	.205**
	Sig. (2-tailed)	.000	.000	.000	.000	.000	.000	.000
	N	1093	1093	1093	1093	1093	1093	1093
10)	Pearson Correlation	.129**	.120**	.097**	.088**	.143**	.238**	.114**
	Sig. (2-tailed)	.000	.000	.001	.004	.000	.000	.000
	N	1093	1093	1093	1093	1093	1093	1093
11)	Pearson Correlation	.336**	.199**	.277**	.422**	.270**	.270**	.200**
	Sig. (2-tailed)	.000	.000	.000	.000	.000	.000	.000
	N	1093	1093	1093	1093	1093	1093	1093
12)	Pearson Correlation	.178**	.020	.095**	.141**	.110**	.143**	.134**
	Sig. (2-tailed)	.000	.504	.002	.000	.000	.000	.000
	N	1093	1093	1093	1093	1093	1093	1093
13)	Pearson Correlation	.293**	.092**	.103**	.263**	.135**	.185**	.170**
	Sig. (2-tailed)	.000	.002	.001	.000	.000	.000	.000
	N	1093	1093	1093	1093	1093	1093	1093
14)	Pearson Correlation	.387**	.233**	.180**	.258**	.259**	.192**	.156**
	Sig. (2-tailed)	.000	.000	.000	.000	.000	.000	.000
	N	1093	1093	1093	1093	1093	1093	1093
合計	Pearson Correlation	.642**	.449**	.463**	.557**	.499**	.503**	.489**
	Sig. (2-tailed)	.000	.000	.000	.000	.000	.000	.000
	N	1093	1093	1093	1093	1093	1093	1093
Principle	Pearson Correlation	.672**	.447**	.473**	.584**	.504**	.507**	.462**
	Sig. (2-tailed)	.000	.000	.000	.000	.000	.000	.000
	N	1093	1093	1093	1093	1093	1093	1093

注）*Correlation is significant at the 0.05 level (2-tailed), **Correlation is significant at the 0.01 level

第5章 財政的持続可能性

ムのレバレッジモデル

8)	9)	10)	11)	12)	13)	14)	合計	Principle
.330**	.215**	.129**	.336**	.178**	.293**	.387**	.642**	.672**
.000	.000	.000	.000	.000	.000	.000	.000	.000
1093	1093	1093	1093	1093	1093	1093	1093	1093
.176**	.145**	.120**	.199**	.020	.092**	.233**	.449**	.447**
.000	.000	.000	.000	.504	.002	.000	.000	.000
1093	1093	1093	1093	1093	1093	1093	1093	1093
.262**	.150**	.097**	.277**	.095**	.103**	.180**	.463**	.473**
.000	.000	.001	.000	.002	.001	.000	.000	.000
1093	1093	1093	1093	1093	1093	1093	1093	1093
.353**	.138**	.088**	.422**	.141**	.263**	.258**	.557**	.584**
.000	.000	.004	.000	.000	.000	.000	.000	.000
1093	1093	1093	1093	1093	1093	1093	1093	1093
.274**	.224**	.143**	.270**	.110**	.135**	.259**	.499**	.504**
.000	.000	.000	.000	.000	.000	.000	.000	.000
1093	1093	1093	1093	1093	1093	1093	1093	1093
.320**	.152**	.238**	.270**	.143**	.185**	.192**	.503**	.507**
.000	.000	.000	.000	.000	.000	.000	.000	.000
1093	1093	1093	1093	1093	1093	1093	1093	1093
.221**	.205**	.114**	.200**	.134**	.170**	.156**	.489**	.462**
.000	.000	.000	.000	.000	.000	.000	.000	.000
1093	1093	1093	1093	1093	1093	1093	1093	1093
1	.130**	.120**	.425**	.151**	.183**	.274**	.545**	.573**
	.000	.000	.000	.000	.000	.000	.000	.000
1093	1093	1093	1093	1093	1093	1093	1093	1093
.130**	1	.146**	.157**	.053	.162**	.203**	.494**	.449**
.000		.000	.000	.083	.000	.000	.000	.000
1093	1093	1093	1093	1093	1093	1093	1093	1093
.120**	.146**	1	.162**	.169**	.148**	.178**	.368**	.327**
.000	.000		.000	.000	.000	.000	.000	.000
1093	1093	1093	1093	1093	1093	1093	1093	1093
.425**	.157**	.162**	1	.150**	.280**	.312**	.598**	.630**
.000	.000	.000		.000	.000	.000	.000	.000
1093	1093	1093	1093	1093	1093	1093	1093	1093
.151**	.053	.169**	.150**	1	.186**	.077*	.355**	.301**
.000	.083	.000	.000		.000	.011	.000	.000
1093	1093	1093	1093		1093	1093	1093	1093
.183**	.162**	.148**	.280**	.186**	1	.219**	.494**	.481**
.000	.000	.000	.000	.000		.000	.000	.000
1093	1093	1093	1093	1093	1093	1093	1093	1093
.274**	.203**	.178**	.312**	.077*	.219**	1	.622**	.644**
.000	.000	.000	.000	.011	.000		.000	.000
1093	1093	1093	1093	1093	1093		1093	1093
.545**	.494**	.368**	.598**	.355**	.494**	.622**	1	.994**
.000	.000	.000	.000	.000	.000	.000		.000
1093	1093	1093	1093	1093	1093	1093	1093	1093
.573**	.449**	.327**	.630**	.301**	.481**	.644**	.994**	1
.000	.000	.000	.000	.000	.000	.000	.000	
1093	1093	1093	1093	1093	1093	1093	1093	1093

(2-tailed).

(X^{**})で購入され，(X^{**})は(X^*)より質が向上し，しかも安価になる。こうすれば，値上げによる利用者の不満を引き起こすことなくケアの質を上げることになるのである。

　この分野の研究はまだ始まったばかりだが，公開情報をうまく活用すれば，費用対効果の高いサービスの質改善の提案およびコンサルティングが可能になる。上記の例以外のレバレッジの目安として，表5-3 はピアソンの積率相関係数によって，数量化されたグループホームの評価指標の間の相関を示している。見出し番号（すなわち表中の「1)」，「2)」，「3)」）は外部評価の評価項目である（詳細は表を参照）。結果は，指標の間の相関を意味する。例えば，1)（運営理念の明確化）が，2)（家庭的な生活空間づくり）と有意に相関し，p 値は 0.244 である。もちろん，両者の関係は相関関係であって，前述の角谷［2011］が示したような因果関係ではない。あくまで目安として示すものである。算出方法は，n 組の変数 X と Y があるとした時，以下のように計算する。

$$(4) \quad r = \frac{\frac{1}{n-1}\sum_{i=1}^{n}(X_i-\overline{X})(Y_i-\overline{Y})}{\sqrt{\frac{1}{n-1}\sum(X_i-\overline{X})^2}\sqrt{\frac{1}{n-1}\sum(Y_i-\overline{Y})^2}}$$

　なお，グループホームの外部評価結果項目は基本的に 3 年ごとに更新される。したがって，本書で示した評価項目も既に更新されていることは留意しなければならない。今後は，評価項目の妥当性を検証するとともに，最新の評価項目を用いた，費用をかけずにサービスの品質を向上させるやり方の検討が期待される。

おわりに──ここまでの結論

　第Ⅰ部の目的は,「政府はサービスの質を保証する仕組みを維持するヒューマン・サービスの市場をどう設計すべきか？」という研究課題に対する答えを見つけることであった。そのため,本書はモデル検証アプローチを取り,市場競争をサービスの質向上へと仕向ける介護市場モデルを提示した。第Ⅰ部の残りの部分では,実装(適用)可能性,実装効果(有効)性,および財政的持続可能性の点から同モデルを検証した。

　介護モデルは,被介護者が介護の質のみに基づいて供給者を選べる環境を提供する。この目的の達成のため,介護市場モデルは①介護サービスのユニバーサル給付,②被介護者の状態ごとに標準化された介護サービス,③価格競争の制限,④供給者の介護品質情報の公表という,4つの条件を満たす必要があった。

　介護市場モデルのイメージは以下のように描くことができる。第一に,サービスがユニバーサル給付されるため,要介護テストを申請することですべての利用者がサービスを受ける資格がある。第二に,ケアの内容が被介護者の状態によって標準化されるため,政府(または公的機関)が利用者の要介護度を調査する。第三に,ケア・ニーズの分類を受け,利用者が供給者を選択する。市場に価格競争がないため,利用者はサービスの質のみに基づいて供給者を選択できる。しかし,ヒューマン・サービス市場には利用者と供給者の間に情報の非対称性が存在することから,政府(または公的機関)が供給者の介護品質情報を公表する必要がある。

　本書は,第一に介護市場モデルが実装可能であることを証明した。OECD諸国の介護市場を調査した結果,日本の介護保険市場が4つの条件すべてを満たすことが判明した。日本に加え,オーストリア,ドイツ,

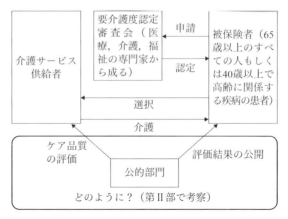

図 5-3　介護市場モデルのイメージ

　ルクセンブルグ，オランダ，ノルウェー，スウェーデン，そして韓国が，第一条件であるユニバーサル給付を満たしている。さらに，ドイツ，ルクセンブルグ，韓国は，被介護者の状態ごとに標準化された介護サービスという条件もクリアしている。しかし，価格競争の制限という第三の条件を満たしている国は日本のみである。

　本書は，第二に介護市場モデルが有効であることを裏付けた。利用者が供給者の介護品質情報にアクセスできるという仮定は，介護市場の情報非対称性モデルと矛盾するが，本書はこれらの検証モデルがいずれも完全には成り立たないことを証明している。さらに，政府（または公的機関）が供給者の介護品質情報を公表する場合，市場競争が激しいほど提供されるサービスの質が高まることが明らかになった。また，この所見は，①契約の失敗モデル，②MAR モデル，および③佐竹・鈴木モデルという介護市場情報非対称性モデルの先行研究に対する新たな実証的インプリケーションをもたらした。

　本書は，第三に介護市場モデルが財務的に持続可能であることを示唆した。OECD 諸国における介護のコストを分析した結果，ユニバーサル

給付システムは家計調査に基づいて給付するミーンズ・テステッド給付システムに比べて必ずしもコストが高いわけではないことが明らかになった。また，価値財の理論と経済規模について考察した結果，ユニバーサル給付システムの費用対効率はユニバーサル給付を行う市場の収入格差の小ささに根ざしていることが明らかになった。これは，収入格差が小さいことがユニバーサル給付システムの条件であることを示唆している。

　介護市場モデルの補足的議論として，本書では，第四にレバレッジ・モデルの使用を提案した。特にユニバーサル給付の条件を満たさない市場も対象とした質向上のための施策を提示している。これは，評価項目のレバレッジを用いて効率よく目的の評価項目の評価を向上させる方法である。これを助言やコンサルティングに取り入れることで，政府は効率的にサービスの質を高めることができる。

　以上のように，本書は介護市場モデルの実装可能性，有効性，および持続可能性を証明した。つまり，介護市場モデルは，政府によって承認された介護品質評価指標と共に市場競争を持続的にサービスの質向上に仕向けるということである。残る課題は，図5-3に示したように，供給者の介護の質をどのように測るかということである。その答えは第II部で提示する。

第 II 部
ヒューマン・サービス時代の品質評価

第6章

アウトカム評価とプロセス評価

　第I部では日本のグループホーム市場を分析し，介護市場モデルが市場競争を介護の質向上に仕向けることを実証した．したがって，政府は介護市場モデルで適切な業績評価指標を設定することにより，長く続いてきた介護の質の問題を論理的に解決することができる．なぜなら，業績評価指標は利用者にとって，供給者を選択する際のガイドラインとなるからである．

　第II部の目的は，長く続いてきた介護の質の問題を解決するために供給者のパフォーマンスを測定する最良の方法を調査することである．本章では，特に既存のアウトカム型業績評価手法（outcome-based performance measurement）と新たなプロセス型業績評価手法（process-based performance measurement）を比較する．

1　業績評価手法の説明

　本書では，業績評価や業績評価指標という用語に代えて，介護品質評価や介護品質評価指標という用語を用いることがある．本書では，供給者の介護の質を供給者の業績と定義していることから，本書ではこれら

の用語を同義的に用いる。

　なぜ介護の質を評価する必要があるのか？　先述の通り，政府は国民に一定水準の生活を提供する責任があるため，ヒューマン・サービスの質を保証する必要がある。さらに，大半のヒューマン・サービスは，増加するニーズに対応するために市場を通じて提供されている。そのため，業績評価を行わなければ，市場内の標準的なケアの水準を確保することが難しい。さらに，ヒューマン・サービス市場の利用者と供給者の間には情報の非対称性がみられる傾向があるため，業績評価を行わなければ，利用者がサービスの質に基づいて供給者を選択することが困難になる。

　業績評価において重要な概念のひとつは観点である。どの観点に立つかによって，評価の対象が異なってくる。例えば，介護施設の経営者は介護サービスから得られる利益を評価するのに対し，一部の利用者は介護サービスの価格を評価することが考えられる。そこで，Behn［2003］は，「誰が，どのように，誰に対して，何の説明責任を課すべきか」という問いに対する答えを明らかにする手法を提示している[1]。表6-1に示すように「どのように」は賞罰である。「誰が」は「説明責任を課す者」を指し，「誰に対して」は「説明責任を課される者」を指す。そして，「何の」責任を課すか（つまり評価指標）が決定される。

　本書における業績評価指標の定義から，本書の観点が明らかになる。賞罰は市場競争メカニズムによってもたらされる。供給者がよいパフォーマンスをすれば，さらに多くの利用者を引き付けることになり（すなわち報酬），またその逆（すなわち処罰）も起こり得る。そして，説明責任を課す者というのは，供給者を選択する際に供給者の介護の質を知る必要がある利用者と，競争市場を管理する政府である（詳細については10頁を参照[2]）。言い換えると，利用者と政府が賞罰をコントロールする

---

[1] Behn［2003］は説明責任の問いに対する2つの異なる回答を提示したが，本書では彼の見解を明らかにするためのシンプルで「伝統的な手法」のみを用いる。

表6-1 説明責任の問いに答える方法

問い	説明責任	プレーヤー
誰が？	説明責任を課す者	利用者／政府
どのように？	賞罰を用いて	市場競争
誰に対して？	説明責任を課される者	供給者
何の？	標準化されたテストスコア	当局によって設定された業績評価指標

出所）Behn［2003］．

者（「誰が」）ということになる。供給者は説明責任を課される者（「誰に対して」）にあたり，質の高いケアの提供に対する責任を負う必要がある。そして，利用者と政府が供給者に課す責任が業績評価指標（「何の」）である。業績評価は公的機関が管理する。

2 アウトカム型業績評価手法の問題

　既存のアウトカム型業績評価手法は，曖昧になりがちなヒューマン・サービスの政策目標に適合しない。政府がアウトカム型業績評価指標を導入するためには，より明確な目標が必要である。業績評価は，それらの目標と共に，サービス利用者にとって特に供給者を選択する際の貴重な判断材料となる。したがって，業績評価指標に基づく市場競争は，目標の達成につながる評価指標を用いたサービスの質向上に努めるよう供給者を仕向ける。「目標が明確で業績評価手法がよく確立されているほど，判断材料は精密なものになる」（Lipsky［1980］）。つまり，供給者は業績評価指標という判断材料に忠実になる。反対に，目標が曖昧であるほど，評価指標は不確かなものになり，そのフィードバックはより不正

---

2) ほとんどのヒューマン・サービス供給において，供給者は政府の認定によって市場に参入する。

確になって，サービス供給施設の個人の裁量に委ねられることになる（Lipsky［1980］）。つまり，非政府，特に営利団体の供給者は，業績評価指標という判断材料に従う代わりに，それぞれの利益（つまり利潤の最大化）を目指すようになる。しかし，ヒューマン・サービスの政策目標は曖昧なものである。例えば，高齢者介護の提供は，一般的に老化に伴う ADL の懸念を緩和することを目指しており，そうした目標達成における成功度を測るのは極めて困難なことである。

こうした曖昧な目標でも達成し得ると考える読者がいるかもしれない。例えば，膝関節の不調など高齢者の身体的懸念に対処するケアは，高齢者の懸念を緩和することになり，ケアの政策目標を達成することになる。また，調査票による「顧客満足度」評価の導入も，介護の成果を評価するのによい方法と考えるかもしれない。顧客満足度による評価は，確かにメリットもある。

しかし，これらの手法は一部の被介護者のみにしか適用できず，介護の質の問題を解決することにはならない。今日，被介護者の多くは認知症などの回復不能な病気や障害を抱えている。例えば，日本では認知症患者数は既に462万人に達しており，軽度認知障害も含めるとその数は860万人を超える（朝田［2013］）。また，年齢階級別認知症有病率も，80歳から84歳は約22％，85歳から89歳の年齢層では約41％が罹患する（朝田［2013］）等，人口高齢化とともに認知症患者はますます増加することが見込まれている。さらに，そうした認知問題のある被介護者は，大半の場合，調査票に回答することができない。したがって，曖昧なヒューマン・サービスの政策目標が依然としてアウトカム型業績評価の妨げとなるのである。

目標の曖昧さはヒューマン・サービスの理想化された側面に起因するものであり（Lipsky［1980］），これは政策目標の中にはっきりとみてとれる。例えば，日本の介護保険は「単に介護を要する高齢者の身の回り

の世話をするということを超えて，高齢者の自立を支援すること」等を目標としている。人々の生活に関する「自立」に対応するためのそうした目標は，実際のところ「確固とした目標というより，追えば遠のく地平線のようなもの」（Landau［1973］）である。

以上のような目標の理想化された側面には，ヒューマン・サービスの起源が関わっており，こうした目標の曖昧さを避けられないものにしている。つまり，第2章で述べたように，ヒューマン・サービスというのは「政府が人々の一定水準の生活を保証するもの」という考え方に由来している。したがって，介護の分野における「老化に伴うADLの懸念の緩和」といった目標は，確実にそうしたヒューマン・サービスの性質に由来しているのである。

3 プロセス型業績評価手法

従来の公共機関で用いられてきたプロセス型業績評価手法（第1章の表1-8を参照）は，ヒューマン・サービスの曖昧な政策目標に適している。どの程度達成できたかという点を重視するアウトカム型業績評価と異なり，プロセス型業績評価ではどのように行われたかという点に注目する。プロセス型業績評価は，結果ではなく過程を見ることから，政策目標の曖昧さにも適応できる。

プロセス型業績評価では，第一線のケア・ワーカーの行動と訓練を具体的に評価する（Lipsky［1980］[3]）。例えば，高齢者介護施設のサービスをケア・ワーカーの振る舞いによって評価するとしよう。この手法では，目標に向けてどの程度達成できたかを評価する代わりに，食器の選択，

---

3) Lipsky［1980］はそのような第一線のケア・ワーカーを「ストリート・レベル官僚」と呼んだ。

個別化した調理方法，食事に関する要望の聞き取り，必要な栄養の記録といった，食事提供サービスのプロセスを評価する指標によって構成される。これらのサービスは，介護者の技能訓練歴の点からも評価される。ADL関連の支援の多くは経験や技術を必要としないように見えるかもしれないが，経験や技術のわずかな差が介護の質に重大な差をもたらす可能性がある。例えば，体の弱った被介護者の着替えは単純だが極めて繊細な作業であるし，認知症のお年寄りの介護には多くの場合標準レベルをはるかに超えたコミュニケーション技術が必要になる。こうしたプロセスの指標は，優れたパフォーマンスと関連すると仮定される性質を表す（Lipsky［1980］）。

4　プロセス型業績評価手法の問題

　プロセス型業績評価手法には重大な弱点がある。この手法では，ケア・ワーカーの行動（behavior）や訓練の評価がすべてサービスのノウハウに関するものであるため，政策決定者と第一線のケア・ワーカーの間に極めて密なコミュニケーションが必要となる。しかし，序章で述べたように，今日の政府は以前のように介護を直接提供していないため，サービスのノウハウを知らない。実際のところ，政府と供給者の距離こそ，政府の現行計画でアウトカム型業績評価手法が適用されている主な理由のひとつとなっている。

　さらに悪いことに，ヒューマン・サービスのもうひとつの性質が，プロセス型業績評価手法の問題をさらに深刻なものにしている。ヒューマン・サービス分野のケア・ワーカーは，大半の組織における最前線の職員と異なり，各自の施設で提供するサービスや拘束の性質，量，および質に対して大きな裁量権を持っている（Lipsky［1980］）。ヒューマン・

サービスのニーズは極めて多様であり，ケア・ワーカーは利用者一人ひとりにあわせたサービスを提供する必要がある。そのため，ヒューマン・サービスは極めて複雑であり，一般的に適用できる「マニュアル」を作ることが難しい。そのことが，市場を活用した行政サービスの時代にプロセス型業績評価手法を取り入れることをさらに難しくしている。

5 ヒューマン・サービス分野で優位性を持つプロセス型

　本章ではここまで，ヒューマン・サービスの分野におけるアウトカム型とプロセス型の業績評価手法の弱点を見てきた。表6-2に示すように，ヒューマン・サービスの性質上，いずれの手法にも長所と短所がある。
　それでも，本書では，ヒューマン・サービスの評価においては，プロセス型業績評価手法の方が既存のアウトカム型業績評価手法より優れていると主張する。プロセス型業績評価手法の弱点は補うことができるのに対し，アウトカム型業績評価手法の欠点は生活の質にとってまさに致命的である。さらに深く考察していくため，本節では，まず業績評価にとって最も重要な考慮事項を説明する。

1）最重要因子としての市民の需要

　業績評価は，事業や政策が有効である証拠として市民のニーズをそれに反映させることに重点を置く（Wholey and Newcomer [1997]）。ヒューマン・サービスやその他の公共サービスは人々の利益のために行うものであることから，業績評価指標は人々のニーズに合ったものである必要がある。この価値観は，今日の最も純粋な民主主義社会の基礎である。ヒューマン・サービスにおいて人々（または市民）のニーズはサービス利用者（被介護者）から発せられる。

表 6-2　ヒューマン・サービスの特徴に対する強みと弱み

	アウトカム型	プロセス型
曖昧な目標	−	＋
第一線の実務者の裁量	＋	−

したがって，政策決定者は現在のサービス利用者や潜在的利用者の声を聞く必要がある。実際に，成功してきた公共サービスの大半は，利用者の声に基づいてデザインされ，提供され，修正されてきた。先述の電気通信，配達，および公共輸送サービスのケースはその好例である。

とはいえ，ヒューマン・サービスの分野において，こうした「利用者の声の尊重」はサービスの質向上の障害となってきた。第一に，ヒューマン・サービスの需要は利用者本人によるものではないことが多い。多くの場合，利用者の家族が需要者となる。利用者の声に重点を置いた評価は，利用者のニーズにおけるこうした側面を見過ごす傾向がある。第二に，さらに重要な点として，介護を最も必要とする利用者の多くは自分のニーズを伝えることができない。身体的・認知的制約により，相当数の利用者が自分のニーズを政策決定者に伝えることができない。さらに，電気通信や公共輸送の分野とは異なり，ヒューマン・サービスにおける「小さな声」は「不要」という意味ではまったくない。そうした弱者の「小さな声」に応えることこそが，ヒューマン・サービスの目的なのである。

ヒューマン・サービスにおいて，利用者のニーズを最もよくわかっているのは第一線のケア・ワーカーである。ケア・ワーカーは利用者とその家族の両方と接する唯一の関係者である。利用者と常に接するケア・ワーカーのみが，極めて重要な隠されたケア・ニーズを明らかにできる。

ヒューマン・サービスにおける業績評価には，必ず第一線のケア・ワーカーの声を取り入れなければならない。なぜなら，それが利用者のニ

ーズを評価に反映させる唯一の方法だからである。このように，プロセス型業績評価手法の弱点は補うことができる。ヒューマン・サービスでは，政策決定者は常に介護供給者と接触・交流する必要がある。

2）低質な介護の重要な要因としてのアウトカム型業績評価

　アウトカム型業績評価手法の弱点は，ヒューマン・サービス市場において長く続いている介護の質の問題の重要な原因となっている。この業績評価の下では，ヒューマン・サービスは以下の2つのシナリオに至る可能性が高い。第一に，政府が供給者のパフォーマンスを測るための具体的な政策目標を設定しても，どのような目標であれ利用者から不満が出る。先に述べたように，これはヒューマン・サービスの性質なのである。ヒューマン・サービスにおいて，具体的な（つまり測定可能な）目標は，必然的に一部の利用者集団にとって不満足なものとなる。例えば，入所者の寿命は，高齢者介護施設のパフォーマンスを測定できる妥当な目標のように思える。つまり，この評価指標は，高齢者介護施設がより質の高い介護を提供するほど利用者の寿命が延びると仮定している。しかし，この目標達成は必ずしも利用者を満足させるものではない。まず，こうした評価指標を設けることにより，多くの施設が健康状態の悪い利用者を受け入れなくなる。そして，入所者の寿命を延ばすために「利用者が望まない処置」が行われることも考えられ得る。このような場合，介護が必要であるにもかかわらず介護施設が利用できなくなる人や「延命処置」を望まない入所者は，こうした業績評価を伴う目標に不満を抱くことになる。

　第二に，アウトカム型業績評価は必然的に柔軟性を欠く。この評価手法では，最新の第一線のケア・ワーカーの行動を反映しにくい。なぜなら，政府と介護供給者の関係が「委託」に基づいているからであり，それに対して利用者のニーズは絶えず変化しているからである。例えば，

わずか数十年前までは認知症の高齢者に対する介護の需要はほとんどなかった。ところが，今日ではそうした介護が高齢者介護のニーズの相当な割合を占めている。人々のライフスタイルや社会経済の変化，そして技術的な発展変化が，ヒューマン・サービスのニーズやそれに対する反応に大きな影響を及ぼしている。こうした変化を最もよく把握しているのは，政府中枢にいる官僚ではなく第一線の介護供給者である。第一線の知識こそが，絶えず変化するニーズにあわせた政府の調整を可能にする。

　ヒューマン・サービスにおいて長く続いている介護の質の問題の一部は，上記の両シナリオが示すようなアウトカム型業績評価手法の使用によって引き起こされてきた。プロセス型業績評価手法の弱点は補うことができるのに対し，アウトカム型業績評価手法の弱点はヒューマン・サービスにおける介護の質の点で致命的である。したがって，本書では政府が既存のアウトカム型業績評価手法を新たなプロセス型業績手法に置き換える必要があると主張する。

6　介護政策モデル

　アウトカム型業績評価手法を新たなプロセス型業績評価手法に置き換えるためには，政府は現行の公共政策モデルを修正する必要がある。現行の理論は，政府と供給者の密な交流を必要としないアウトカム型業績評価手法の使用にあわせてデザインされている。それに対し，プロセス型業績評価手法を使用するには，そうした交流が不可欠である。

　しかし，この修正は現在の公共政策モデルから伝統的な官僚主義的モデルへの"後退"を目的としたものではない。本書は，競争市場を通じたヒューマン・サービスの供給に賛同している。第1章で示したように，増大するサービス・ニーズに対応するには，そうした市場を通じた供給

が必要だからである。さらに，第Ⅰ部で介護市場モデルによって市場を活用する正当性も示している。

　本節の目的は，市場を活用する現行のガバナンスの中で政府と供給者がどのように結びついているかを説明することである。本節では，現在のガバナンス・モデルについて，Lynn, Heinrich and Hill [2000] によって提示された「公共政策モデル（ガバナンスのロジック）」を分析し，政府と供給者の交流がいかに過小評価されてきたかを特に考察する。その後，プロセス型業績評価手法の使用にとって重要な条件である政府―供給者間の交流を促進する修正を加えた，「介護政策モデル」を提示する。

1）ガバナンス・モデルの変化

　1970年代以降，政府は以前と比べて階層的ではなくなって地方分権が進み，主要な政策実行者としての役割を民間部門に譲ることに意欲的になってきた（Kettl [2000]）。この20〜30年で，そうしたガバナンスが生まれ，公共サービスの直接供給者としての役割の削減が進められてきた。その結果，政府の役割は，市場競争によってサービスの質がコストの犠牲にならないよう注意し，市場競争が公共サービスの質向上へつながるように努める，管理的な業務へとシフトした。

　これらの変化は，必然的に既存の公共政策モデルに大きな影響を与えた。新たな現状にあわせるため，行政学者は理論的基礎を改めて概念化し直すことを迫られた。例えば，Peters and Pierre [1998] は，4つの基本要素がガバナンスの考察を特徴付けると主張している。それらは，①ネットワークの支配，②国の直接統治能力の低下，③公共資源と民間資源の融合，④複数のツールの使用である。この主張によると，ガバナンスとは，横の関係，機関間の関係，統治力の低下，行政区割の重要性の低下，そして行政機関の役割の細分化を理解するための理論体系である。さらに，Kettl [2000] は「新公共経営（New Public Management：NPM）」

という新たなガバナンス形態の6つの中核的問題を明らかにしている。この6つの中核的問題とは，①生産性，②市場化，③サービス志向，④分権化，⑤政策，⑥説明責任，である。NPMは，特に政府と社会の関係を再定義してきたグローバルな公共経営改革の動きを特徴付けている。これは，実際にウェストミンスター・モデル[5]の関連諸国（オーストラリア，ニュージーランド，カナダ，英国など）で顕著である。これらの国々では，政府がすべきこととすべきでないことを定義し，その正当性を示すことによって公共部門を改革し，不健全な官僚主義を批判することによって公共サービスの提供を再構成するための真剣な取り組みを行い，それらに続いてNPMが進められてきた（Kettl［2000］）。

しかし，現在の公共政策モデルの研究に最も重要な貢献をしたのはLynn, Heinrich and Hill［1999］［2001］，Heinrich and Lynn［2000］の研究である。Lynn, Heinrich and Hill［1999］［2001］はガバナンスの議論を分析した上で，そのガバナンス理論に基づいて公共政策モデル（ガバナンスのロジック）を提示した。

2）公共政策モデル

Lynn, Heinrich and Hill［2000］は，市場を活用した行政学理論（PA理論）のモデルとして「公共政策モデル（ガバナンスのロジック）」を提示している。本書では，以降このモデルを単に「公共政策モデル」と呼ぶことにする。変化し続けるガバナンスの定義に適合させるための一歩として，このモデルは体系的研究を支援するためのガバナンスのロジックを確立することを意図している（Frederickson and Smith［2003］）。Lynn,

---

[5] もう一方のモデルは，その後に，地域，州，国家がほとんどの政策領域で責任を共有し，異なる政策的モチベーションを志向する米国において登場する，改革政府（reinventing government）であろう。ウェストミンスター・モデルによって成しとげられた機能的再構築を断行するほど力強い中央政府は存在しないだろう（Frederickson and Smith［2003］）。

Heinrich and Hill［2000］は，コンパクトな形として，彼らの公共政策モデルを以下のようなモデルとして提示している。

O = f (E, C, T, S, M)

O＝アウトプット／アウトカム（Outputs／Outcomes）。アウトプット／アウトカムとは，ガバナンス制度の産物を示す。

E＝環境因子（Environmental Factors）。これには，政治構造，権力のレベル，経済的パフォーマンス，供給者間の競争の有無，資源レベル，ならびに分析対象の環境依存性，法的枠組み，および特性などが含まれる。

C＝顧客特性（Client Characteristics）。これには，顧客の属性，特性，および振る舞いなどが含まれる。

T＝処置（Treatment）。これは，ガバナンス制度内の組織の主要な任務または中核プロセスであり，組織のミッションや目標，募集基準・適格性基準，適格性の決定方法，およびプログラムの処置や技術などが含まれる。

S＝構造（Structures）。これには，組織のタイプ，ガバナンス制度内の組織間の連携および統合のレベル，相対的にみた中央集権的統制の程度，機能の細分化，運営規則やインセンティブ，予算配分，委託手配や契約関係，ならびに機関の文化や価値観などが含まれる。

M＝マネジメントの役割および行動（Managerial Roles and Actions）。これには，リーダーシップの特性，スタッフと管理職の関係，コミュニケーション，意思決定方法，専門意識／キャリアに関する懸念，ならびにモニタリング，統制，および説明責任のメカニズムなどが含まれる。

公共政策モデルは，今日の行政学理論の概念化に役立つが，曖昧だと

いう批判もある。Ellwood［2000］は，このモデルについて，「経済学者による政治学の批判に近いものになっている。つまり，すべてを取り込もうとした結果，何も説明しえない危険を冒している」としている。

しかし，こうした批判は時期尚早であったかもしれない。Lynn, Heinrich and Hill［2000］は同モデルを完全に機能する公共政策モデルとして提示したわけではなく，単に公共政策のガバナンスについて理論的・実証的に取り上げ，その基準，導入，および管理の向上に寄与する研究に貢献することを目的としていた（Lynn, Heinrich and Hill［2000］を参照）。実際，公共政策モデルは標準的な行政理論として研究者の関心を集めている（Frederickson and Smith［2003］）。

3）理論的課題

図 6-1 は政府と供給者の間に密接な関係を築くという課題について示している。図 6-2 には比較のために従来の行政学理論による公共政策モデルを示す。従来の理論では，公共サービスは政治家を通じた国民からの圧力に基づいて主に政府によって提供されていた。そのため，政府は自ら提供するサービスのサービス・プロセス[6]を容易に測定することができた。

それに対して，現在の行政学理論では，公共サービスは政府が設定した「処置」（つまり業績評価）に基づいて主に委託された非政府部門によって供給される。したがって，このモデルは Lynn, Heinrich and Hill［2000］が述べたように，「$O = f(E, C, T, S, M)$」となる。政策の「アウトカム」は，政府が①「社会環境」を観察することで公共ニーズを把握する，②「顧客特性」に基づいて「処置（つまり業績評価）」を設定する，③公共サービス供給を非政府部門へ委託する市場の「構造」を構築する，

---

[6] ここでいうプロセスとはサービス提供者の行動とトレーニングを含む。

第6章 アウトカム評価とプロセス評価　137

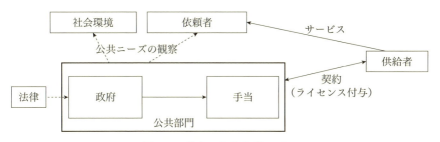

図 6-1　現在の公共政策モデル

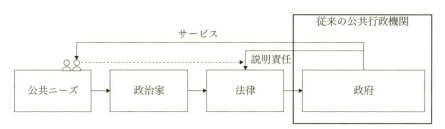

図 6-2　伝統的な公共政策モデル

注）破線の矢印は観察を表す。

そして④最終的に公共サービス市場を「管理」する，以上のガバナンス方法によって変わってくる。

　公共政策モデルは，多くの公共サービス分野で役立つアウトカム型業績評価手法によく適合する。先に述べた通り，例えば電気通信，配達，および公共輸送のようなサービスは，具体的な目標が設定される傾向があり，供給者は通常その目標に沿って取り組むことが期待される。そのため，政府と供給者の間に密接な交流がなくても，両者間の委託関係は効果的に機能する。そうした具体的な目標により，政府はアウトカム型業績評価手法によって供給者を評価することができる。

　公共政策モデルはプロセス型業績評価手法には適さない。このモデルは，行政（広義で政府）と供給者間の関係について，契約に基づく委託者―受託者関係ととらえる傾向がある。しかし，ヒューマン・サービス

(a) 政治的に示された市民の好みおよび関心と（b）施行された法令や行政政策における公的選択との交流
(b) 公的選択と（c）公共機関の公式構造およびプロセスとの交流
(c) 当局の公式構造と（d）任意の組織，マネジメント，および運営との交流
(d) 任意の組織，マネジメント，および運営と（e）公共機関が監督する中核技術，主要任務，およびサービス業務との交流
(e) 主要任務と（f）影響，アウトプット，アウトカム，または結果との交流
(f) 影響，アウトプット，アウトカム，または結果と（g）ステークホルダーによる当局やプログラムの業績評価との交流，ここでサイクルが一巡する
(g) ステークホルダーによる評価と（a）市民の関心および好みとの交流

図 6-3　公共政策モデル（ガバナンスのロジック）における階層的な交流

出所）Lynn, Heinrich and Hill ［2000］［2001］参照。

供給においては，政策目標が曖昧で供給者の裁量が大きいことにより，アウトカム型業績評価を実施することが極めて難しい。それに対し，現在の公共政策モデルは，分権化した政策ネットワークを実現したが，政府―供給者間の交流が欠如している。

　確かに，これは現在の公共政策モデルが政府と供給者間の交流の重要性を完全に見落としているという意味ではない。Lynn, Heinrich and Hill［2000］［2001］は，ガバナンスのロジックの中で「交流」の必要性を認識している。それによると，あらゆる公共統治制度は中核ロジックによって要約できる動的プロセスの結果である。このプロセスは，ガバナンスのロジックにおける階層的な交流によって表すことができるかもしれない（図 6-3）。政府と供給者間の交流の概念は，ロジックのプロセス（d）と（e）で特に言及されている。

　しかし，公共政策モデルは交流の重要性を十分に強調していない。先に述べたように，これは電気通信等の公共サービスの供給では問題ないが，ヒューマン・サービスの供給では問題がある。したがって，ヒューマン・サービス供給の特徴にフィットさせるためには，モデルに修正を加える必要がある。

7　公共政策モデルを修正する

　本書では，ヒューマン・サービス供給に適合するように公共政策モデルに修正を加えた「介護政策モデル」を提案する。修正モデルにはケア・ワーカーの行動（B：Behaviour）を追加し，それによってオリジナルのモデルが $O=f(E, C, B, T, S, M)$ となる。供給者の行動のインプットを受け，認識することは，利用者のニーズを評価し，そのニーズを業績評価に反映させるために極めて重要であることから，この修正によって既存の業績評価と利用者のニーズとのミスマッチが解決される。

　介護政策モデルを図6-4に示す。社会環境と顧客特性の観察に加え，政府は最新のケア・ワーカーの行動について情報を入手する[7]。つまり，政府は必然的に第一線のケア・ワーカーの声を汲み取ることになる。その結果，処置（つまり業績評価）に真の利用者のニーズが反映されることになる。

おわりに

　第1章では公共政策モデルにおけるアウトカム型業績評価手法について課題を提示したが，本章ではアウトカム型業績評価手法と新たなプロセス型業績評価手法を比較した。その結果，いずれの評価手法にも弱点があることが明らかになった。プロセス型業績評価手法は現在の公共政策モデルにフィットせず，アウトカム型業績評価手法はヒューマン・サービスの曖昧な政策目標にフィットしなかった。そこで，介護の質の問

7）ケア・ワーカーの行動とは，例えば被介護者にどのように食事を提供するかといったことが上げられる（詳細は前掲表4-2）。

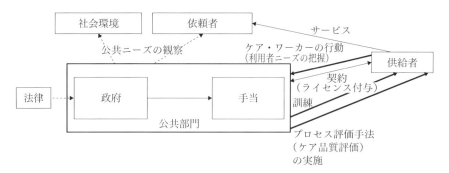

図6-4 介護政策モデル

注）破線の矢印は観察を表す。

題を解決する点ではプロセス型業績評価手法の方が優れているという立場から，プロセス型業績評価手法の使用にフィットする，介護政策モデルを提示した。

　介護政策モデルの下でのプロセス型業績評価手法は，利用者のニーズを反映し，介護の質に基づいて供給者を選択するよう利用者を導くことから，市場における介護の質の問題を理論上解決する。

　しかし，プロセス型業績評価手法に関する実証的な課題がいくつか残る。すなわち，これは実証的に適用可能なのか，プロセス型業績評価は本当に実施できるのか，という課題である。そこで，第7章ではこの課題に答えるべく，評価指標に利用者のニーズが反映される成功例について調査する。本書では，特にこのケースについて，既存のアウトカム型業績評価手法に基づく別のケースと比較検討する。

　2つ目の課題は，ケア・ワーカーの訓練に関することである。本章では，訓練によって介護の質が向上するとしたが，どのような訓練が必要なのであろうか。さらに，すべてのケア・ワーカーを訓練するには極めてコストがかかる。ケア・ワーカーの数が増加している高齢化社会の時代においては特にそうである。必要な訓練を行うことは財務的に持続可

能なのであろうか。第8章では，コストに関する課題に答えるべく，介護の質向上や国の経済に対する影響を説明する。

第7章

プロセス評価の優位性

　本章の目的は，ヒューマン・サービス市場における前述のプロセス型業績評価手法の実証的妥当性について考察することである。そのために，本章は特に2つの典型的な市場を比較する。すなわち，前述のプロセス型業績手法を採用する日本の介護市場と，既存のアウトカム型業績評価手法に重点を置く米国の介護市場である。確かに，「プロセス型」と「アウトカム型」は場合によって互換性がある。例えば，ケア・ワーカーの技術向上は質の高い介護の提供に向けたプロセスであるが，そうした成果は質の高い介護の提供に向けた短期目標のアウトカムとしてもとらえることができる。実際には，100％プロセス型の業績評価手法も100％アウトカム型の業績評価手法も存在しない。とはいえ，後述するように，日本と米国では，それぞれいずれかの手法をはっきりと優先している（表7-1）。

　重要な点は，プロセス型の日本市場の方がアウトカム型の米国より，介護の質の問題が小さいことである。Weiner et al.［2007］は，選び出したOECD加盟国・加盟地域における介護の品質保証を国際比較したものである[1]。Weiner et al.［2007］は，介護の質がどの程度問題と受け

---

1) この研究は英国の一地方であるイングランド，そして米国，ドイツ，日本，オーストラリアを比較したものである。

表 7-1　モデルとケース

ケース	業績評価手法	政策モデル
米国	アウトカム型	$O = f(E, C, T, S, M)$
日本	プロセス型	$O = f(E, C, B, T, S, M)$

注）O＝政策アウトプット／アウトカム，E＝環境因子，C＝顧客特性，B＝ケア・ワーカーの行動，T＝処置（つまり業績評価），S＝構造，M＝マネジメント。詳細については第6章を参照。

止められているかを評価した結果，米国の高齢者介護施設を最も問題があると評価し，日本の高齢者介護施設を最も問題がないと評価した。介護の定義は国によって異なるため，これは必ずしも日本の方が米国より介護の質が高いことを意味するわけではない。それでも，この結果はプロセス型業績評価手法を採用する日本の方が介護ニーズによりよく対応していると受け止められていることを示している。

そこで，以下の項では両国の供給者を定義した後，まず米国においてアウトカム型業績評価がどのように利用者のニーズを考慮することに失敗しているかを分析し，さらに日本においてプロセス型業績評価がどのように利用者のニーズを業績評価指標に反映させることに成功しているかを分析する。

1　米国と日本におけるケア・ワーカーの定義

前述の通り，介護の定義は国によって若干異なり，また供給者（つまり，第一線のケア・ワーカー）の定義も異なる。したがって，まず両国で誰が介護を供給しているのかを特定する必要がある。表7-2に示す通り，米国ではケア・ワーカーはダイレクト・ケア・ワーカー（Direct-Care Worker）と呼ばれることが多い。さらに，ダイレクト・ケア・ワーカー

表 7-2 米国と日本のケア・ワーカー

ケア・ワーカー	米国		日本
	ダイレクト・ケア・ワーカー（DCW）	ナーシング・エイド，用務員，付添人	介護福祉士（CCW）
		ホーム・ヘルス・エイド	訪問介護員（THH）
		パーソナル・ホーム・ケア・エイド	

は，①ナーシング・エイド（Nursing Aide），②ホーム・ヘルス・エイド（Home Health Aide），および③パーソナル・ホーム・ケア・エイド（Personal and Home Care Aide）という3つのカテゴリーからなる。それに対し，日本の場合，通常「ケア・ワーカー」という用語は，資格を持った介護福祉士と訪問介護員（ホーム・ヘルパー）のことを指す。確かに，日本では准看護師も介護供給者の下で働くことがあるが，准看護師の主な職場は介護施設ではなく病院であることから，本章では准看護師は含まないものとする。こうした理由により，本章ではダイレクト・ケア・ワーカー，介護福祉士，および訪問介護員を「ケア・ワーカー」とする。なお，ダイレクト・ケア・ワーカーという用語は米国のコンテクストにおいてのみ使用し，介護福祉士および訪問介護員という用語は日本のコンテクストにおいて使用する。

2 米国におけるアウトカム型業績評価手法

米国では，ほぼすべての高齢者介護施設で，被介護者の心身の状態を表す指標を用いている。ミニマム・データ・セット（MDS）と呼ばれるこの評価指標は，ヒューマン・サービスの曖昧な目標を明確にするため，政府によって供給者の業績評価ツールとして利用されてきた。

1）アウトカム型業績評価手法導入の背景

　MDS は，もともと高齢者介護施設の入所者の状態を評価するために開発された。高齢者介護施設の介護品質問題に関する 1987 年の包括的予算調整法に対応して，米国医学研究所（IOM）が各入所者の機能的，医学的，精神的，および心理社会的状態を評価するため，初めて MDS をデザインした（IOM［1986］）。介護施設に勤務する，免許を持った医療専門家（通常は登録看護師）が評価を実施した。

　MDS 委員会は，収集したデータを規制目的に使用できることに気付いた（IOM［1986］）。調査者はデータを使用して入所者サンプルを引き出すことができ，政府はアウトカム・データを使用して介護供給者の業績を評価することができた。つまり，政府は入所者の機能的，医学的，精神的，および心理・社会的状態を介護品質の指標として解釈したのである[2]。

　これが転機となり，米国はアウトカム型業績評価手法を適用し始めた。ヒューマン・サービスの分野のひとつとして，米国における介護の目標には曖昧さが含まれており，サービスは「特に自助が最も困難な人を対象として必須のヒューマン・サービスを提供する」という政府目標の下で提供されている[3]。介護目標の曖昧さにより，政府はそれまで供給者の業績評価を行ってこなかった。しかし，質の低いケアが社会問題化したことから，政府は高齢者介護施設の入居者の身体的・精神的状態を調べる実情調査を実施した。入所者の評価結果を分析した政府は，アウトカム型業績評価手法を高齢者介護施設の介護の質を評価するために使用

---

[2］このアウトカム型業績評価手法は，ストラクチャー，プロセス，そしてアウトカムの概念を用いる，Donabedian［1966］のモデルに強い影響を受けている。そのモデルでは，アウトカムはプロセスの結果であり，プロセスはストラクチャーを必要とすると主張する。したがって，よい結果はプロセス，そしてストラクチャーを正当化することになるというのである。

[3］米国保険社会福祉省〈http://www.hhs.gov/about/〉。

表 7-3　MDS の歴史

年	出来事
1990	MDS が初めて導入される
1991	MDS が初めて全米で導入される
1991	リソース活用グループおよび評価指標開発プロジェクトのために高性能 MDS「MDS＋」が開発される
1995	MDS 2.0 が全米で導入される
1995	Zimmerman が MDS に基づく 24 の品質評価指標について報告する
1998	高齢者介護施設に対し，MDS データを CMS へ電子的に提出することが義務付けられる
1999	州の調査者に対し，高齢者介護施設の評価指針として品質評価指標の使用が義務付けられる
2006	高齢者介護施設の質に応じて支払う P4P デモプロジェクトが開始される
2010	MDS 3.0 が全米で導入

出所）Rahman and Applebaum［2009］．

することを検討し始めた．つまり，政府は「必須のヒューマン・サービス」という目標を利用者の身体的・精神的状態を維持（または向上）するためのケアと解釈したのである．

　それ以降，入所者のこれらの状態に基づく品質評価手法を開発し，公表するために MDS が用いられてきた（Rahman and Applebaum［2009］）．表 7-3 は，MDS に基づく（つまりアウトカム型）業績評価手法の発展の歴史を示している．1999 年，メディケア・メディケイド・サービスセンター（CMS）は調査者に対し，高齢者介護施設の評価の指針として MDS に基づく評価指標の使用を義務付け始めた．2002 年には，事実上すべての高齢者介護施設について MDS に基づく品質評価を掲載した消費者情報サイト「高齢者介護施設比較ウェブサイト（Nursing Home Compare Website）」を立ち上げた．確かに，MDS は当初データ収集に関して批判を受けた．例えば，データ収集方法が十分に指示されておらず，主

な入所者の変化が生じる7～14日の回顧期間後に新たな評価をすべきであるのに，評価の時間枠が入所者の入所時に基づいており，その後の評価が90日ごとにしか行われていなかった（Mehdizadeh and Applebaum［2005］）。しかし，MDSが積極的に修正された結果，データ収集に対する指示が繰り返し更新され，多くの高齢者介護施設は次第に評価をより頻繁に行うようになっていった。

その結果，入所者のアウトカムに明白な改善が認められるようになった（Rahman and Applebaum［2009］）。例えば，Feng et al.［2006］の研究によると，入所者の要介護度が高まったにもかかわらず，入所者の褥瘡の発生率は明らかに低下し，被介護者に対する拘束の使用が減少した。MDSの使用，またはMDSに基づく業績評価手法の使用が介護の質の向上にどの程度貢献したかについては，1997年に報告された一連の研究で，選定した入所者アウトカムに対するMDS使用の影響が評価されている（Fries et al.［1997］，Hawes et al.［1997］，Philips et al.［1997］）。全体として，研究者らはMDS導入前と導入後ではアウトカム評価が向上したことを示した。

それでも，米国における高齢者介護施設の介護の質には問題があるとされてきた。Weiner et al.［2007］は，米国，英国，オーストラリア，ドイツ，そして日本における介護の品質保証について比較した。その結果，米国の高齢者介護施設は，英国と共に，介護の質がどの程度問題と受け止められているかというカテゴリーで，問題があると評価された。共通の評価手法が欠如していたため，これは必ずしも米国の高齢者介護施設の介護の質が最低レベルという意味ではなかった。しかし，問題があると一般市民に受け止められているというのは，人々に最低限の生活水準を保証することを目標とするヒューマン・サービスの供給においては深刻な問題である。

2）利用者の不満の原因としてのアウトカム型業績評価手法

　市民の認識によるこうした介護の問題は，品質保証システムの開発努力の不足によるものではない。それどころか，第2章で述べたように，国家レベルで供給者の介護品質評価システムを導入しているのは米国と日本のみである。この評価システムは介護市場の全供給者を対象としており，米国は他国に先駆けて実行可能なシステムの開発に取り組んできた。

　米国の問題点は，理論的基礎である既存の公共政策モデルの下でのアウトカム型業績評価手法によるものである。アウトカム型業績評価に求められる具体目標の必要性に直面した結果，政府は入所者の身体的・精神的状態を測定可能なアウトカム向上に「翻訳」することにより，本来曖昧な介護目標を単純化した。

　確かに，入所者の状態は本来の目標の重要な部分を占めてきたかもしれない。しかし，前章で述べたように，ヒューマン・サービスは常に変わっていく必要がある。この業績評価手法が導入された当初は，大半の利用者が各自の状態が改善されることを望んでいたが，そうした希望は次第に少なくなり（あるいはそれが基本的な介護に当然な条件となり），入所者とその家族は「生活の質」を高めるその他の条件，プログラム，環境などに目を向けるようになってきた。実際のところ，今日では多数の高齢者が認知症などの治療不能な疾患や障害を抱えている。これらは治療が不可能なため，そうした病気や障害を抱える人々はアウトカム型業績評価手法にまったく価値を見出せないことになる。こうした入所者が，MDSに基づくリハビリテーションよりも，落ち着いた環境やリラックスできる雰囲気といったその他の要素を重視するのは当然のことである。

　多くの研究者も，行政評価ツールとしてのMDSの価値を疑問視し，入所者の生活の質（QOL）の評価指標の不足に関する問題を指摘して

いる（Ouslander［1997］, Schnelle［1997］, Uman［1997］, Bates-Jensen et al.［2003］, Schnelle et al.［2003］, Simmons et al.［2003］, Rahman and Applebaum［2009］）。しかし，「生活の質」について明確な定義はない。Slevin et al.［1998］は調査研究（研究調査）を実施した結果，医師による「生活の質」の定義と患者による「生活の質」の定義は相関性が極めて低いことを明らかにした。アウトカム志向のアプローチは，「生活の質」を扱うヒューマン・サービス分野には導入できない。

　前章で述べたのは，まさにこのヒューマン・サービス市場におけるアウトカム型業績評価手法の弱点である。この評価手法は，評価と利用者のニーズの間にギャップを生み，このギャップが利用者の不満につながる。米国における介護のケースでは，健康に関する懸念や傾向の変化に伴い，身体的・精神的状態の改善より生活の質を重視する利用者が多くなった。アウトカム型業績評価手法は，ケア・ワーカーからのインプットを体系的に組み込む機能がないため，こうした変化に適応してこなかった。その結果，身体的・精神的状態の改善を望まない（あるいは望めない）利用者の声が見過ごされ，治療不能な病気や障害を抱える人の多くが介護を利用できなくなっている。なぜなら，アウトカム型業績評価のコンテクストでは，利用者の状態により大きな改善が認められるほど介護施設の評価は高くなり，よいサービスが提供されていると受け止められるからである。

3　日本におけるプロセス型業績評価手法

　日本の介護市場における介護の質は，最も問題が少ないと受け止められている（Weiner et al.［2007］）。日本の市場におけるプロセス型業績評価は，既存のモデルに「ケア・ワーカーの行動」を追加した $O = f(E,$

C, B, T, S, M) という介護政策モデルに基づいている。あらゆるヒューマン・サービス市場と同様に，日本の介護市場が目指す目標は曖昧である。しかし，プロセス型業績評価手法の長所は，曖昧な目標をそのまま受け入れ，適応できることである。

1）プロセス型業績評価手法の導入の背景

日本のプロセス型業績評価手法は，社会が体の弱い高齢者にあわせて変わるべきであるという考え方から来ている。実際，日本政府は高齢者介護を供給する際の目的を，健康保険から切り離した形で介護を捉える等，介護需要の高まりに併せて社会保障制度の再編に着手した[4]。介護のニーズに応えることはOECD諸国に共通する社会保障問題であるが，日本の場合，高齢者関連問題を「個人の自立した生活に対する危機」および「老化に伴う身体的制約による問題」ととらえてきた米国のケースとは，やや異なるところに重点が置かれている。

社会が高齢者にあわせて変わるべきとする姿勢を日本がとる主な理由は，日本の介護ニーズの急増である。実際に，日本における高齢者人口の割合は，米国やその他多くのOECD諸国からやや遅れて，1990年頃から急増した（図7-1）。さらに，MHLW［2002］によると，2000年の時点で介護が必要な人の割合は65歳以上の高齢者の約13％であったが[5]，2025年にはこの割合が16％まで上昇すると予測している[6]。

さらに，介護の問題に対する日本のアプローチは，高齢者介護サービスを家族介護の代用とする側面もある。介護保険制度の準備期間（1987年頃～）から，日本政府は家族介護者の不足という人口統計学的データ

---

4) MHLW［2002］参照。
5) 2000年に介護が必要だった高齢者は約280万人で，同年の高齢者人口は2,170万人であった。すなわち，介護が必要な高齢者の割合は12.9％であった。
6) 2025年に介護が必要な高齢者は推計520万人で，同年の高齢者人口は推計3,240万人である。したがって，介護が必要な高齢者の割合は16％となる。

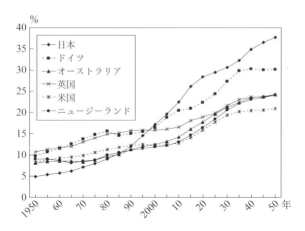

図 7-1 65 歳以上の人口割合（1950～2050 年）

出所）United Nations［2008］"World Population Prospects : The 2006 Revision Population Database".

表 7-4 被介護者の状態

(万人)

カテゴリー	1993	2000	2010	2025
身体的に虚弱な高齢者	100	130	190	260
認知症で介護が必要な人（寝たきり高齢者を除く）	10	20	30	40
寝たきり高齢者（寝たきりおよび認知症含む）	90	120	170	230
合計（介護が必要な高齢者）	200	280	390	520
高齢者人口（65 歳以上）	1,690	2,170	2,770	3,240

出所）MHLW［2002］。

を積極的に調査し[7]，その不足を支援する政策を立案してきた。これらの調査には，被介護者の状態（表 7-4），寝たきりの高齢者の人口統計学的データ（図 7-2）および今後の予測（図 7-3），寝たきりの高齢者の介護者（図 7-4，図 7-5），ならびに女性の就業率（図 7-6）が含まれた。さらに，介護福祉士の資格取得に対する研修が 1987 年以前に開始された。

7）例えば，国民生活基本調査は 1987 年以降 3 年ごとに更新されている。

第 7 章　プロセス評価の優位性　153

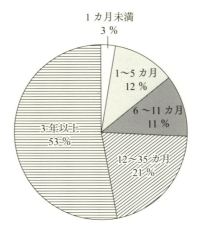

図 7-2　寝たきりの期間別に示した寝たきりの高齢者の割合

出所）MHLW［1995］。

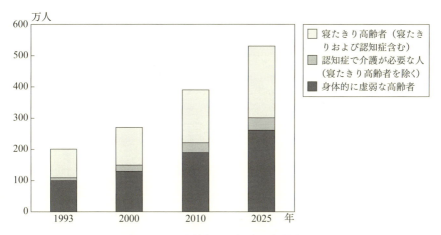

図 7-3　寝たきりの高齢者／認知症の高齢者の将来予測

出所）MHLW［2002］。

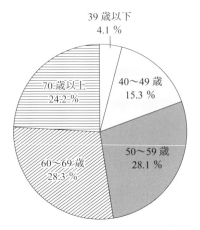

図 7-4　寝たきりの高齢者の介護者
　　　　（年齢群）

注）65 歳以上の寝たきりの高齢者と同居する主要介護者，24 万 4 千人。
出所）MHLW [1995]。

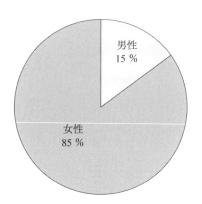

図 7-5　寝たきりの高齢者の介護者
　　　　（男女の割合）

出所）MHLW [1995]。

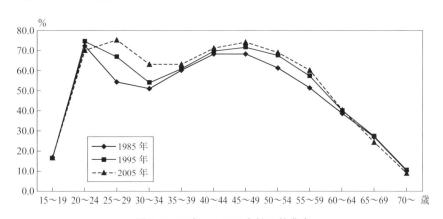

図 7-6　日本における女性の就業率

出所）総務省 [2006]。

上記から，日本は介護サービスについて，被介護者の家族が担ってきた役割を社会で共有するものととらえてきた。そのため，業績評価の重点がケアの「結果」ではなく，ケアをどのように担うか，すなわちどのようにケアするか（＝「過程」）に置かれるのは，ある意味において必然であった。

2）介護の実施に向けた指針としてのプロセス型業績評価

　プロセス型業績評価手法は，ケア・ワーカーの行動を評価に反映させてきた。日本では，第3章の表3-6に示したように，市場で3種類の供給者の質に関する情報が入手可能となっており，いずれもケアがどの程度「成功している」かではなく，ケアが「どのように行われているか」を評価している。例えば，ケアの前後の被介護者の状態を問うのではなく，ケアを行った体制について問う。保健サービス，医療サービス，福祉サービスの間でどの程度の連携が取れているかに注目し，提供した介護サービスのデータベースを供給者が持っているかどうかを問う（69頁を参照）。また，第4章の表4-2に示したように，ケア・プロセスの詳細について，たとえば食器の選択，献立などを食事提供の評価項目とする。そして，こうした詳細なプロセス評価は，供給者にとって，介護の実施のための指針の役割を果たしている。

4　介護政策モデル──政府と供給者の交流の促進

　第6章で述べたように，プロセス型業績評価手法では，利用者のニーズをケア・ワーカーの行動に反映させるため，政府と供給者の間に密な交流が必要である。既存の公共政策モデルは政府と供給者の関係を「委託者─受託者」と捉えることから，そうした機能を有していないのに対

表 7-5 政策決定に関与するポジションへ向けたケア・ワーカーのキャリア上のメリットの要約

業績評価の設定および実施		日本	米国
利用者の要介護度の判定	ケア・ワーカーの参加／優先権	該当あり	（要介護度判定なし）
	備考	介護福祉士は要介護度評価委員会のメンバーとなる	（要介護度判定なし）
ケア・プランの作成	ケア・ワーカーの参加／優先権	該当あり	該当なし
	備考	介護福祉士としての5年間の実務経験が資格取得に必要な介護支援専門員（ケア・マネージャー）がケア・プランを作成する	正看護師，医師
業績評価指標の設定（日本：第三者評価，米国：ミニマム・データセット）	ケア・ワーカーの参加／優先権	該当あり	該当なし
	備考	介護供給者の代表者に加え，ケア・ワーカーの経験を持つ実務者を含む政府の業績評価指標設定委員会*	IOM の MDS 委員会
業績評価の実施	ケア・ワーカーの参加／優先権	該当あり	該当なし
	備考	評価調査員（ケア・ワーカーとしての実務経験を持つ者は研修を一部免除される）	通常，各高齢者介護施設によって雇用された，免許を持つ医療専門家（正看護師など）

注）＊介護サービスの質の評価に関する調査研究委員会。

し，介護政策モデルは政府と供給者の間の交流を体系的に取り入れている。本節では，日本の市場がこの介護政策モデルをシステムにどう応用しているかを調査し，既存の理論を採用する米国市場と比較する。

　日本の介護市場では，ケア・ワーカーのキャリアアップ機会の提供を政策決定／実施プロセスに組み込むことにより，介護政策モデルを実践している。表 7-5 は，ケア・ワーカーのキャリア上のメリットについて

表 7-6　介護認定審査会メンバーの肩書（加古川市の例）

自治体（人口）	医療	保健	福祉	合計
加古川市 （約 268,830 人）	医師：24 人 歯科医師：2 人 薬剤師：2 人	看護師：13 人 作業療法士：1 人 理学療法士：1 人 歯科衛生士：1 人	介護福祉士：6 人 社会福祉士：2 人 精神保健福祉士：1 人 社会福祉主事：1 人	58 人

注）いずれの職種も正式な資格を要する。看護師は正看護師と准看護師を含む。
出所）Hakit 21［2010］．

米国との比較を示している。日本では，ケア・ワーカーの職務経験が，要介護度判定，ケア・プラン，業績評価指標の設定，評価の実施といった，より高いポジションへの入口となっているのに対し，米国にはそうしたシステムは存在しない。

1）利用者の要介護度判定

　日本では，ケア・ワーカーをメンバーに含む地方自治体の介護認定審査会が利用者の要介護度を判定する。審査会のメンバーには，保健，医療，および福祉の分野の専門家を含めなければならない（介護保険法第14～15条，介護保険法施行令第9条）。市町村は，医師会など地域の専門学会からの助言に基づいてメンバーを任命する（任期2年）。大半の場合，医師[8]が医療分野の代表，保健婦が保健分野の代表，介護福祉士（または介護支援専門員）が福祉分野の代表となる。各評価では，コンピューター・ベースの要介護度判定テストに加え，無作為に選出された5名の審査会メンバー（各分野から1人以上）がさらなる評価を行う必要がある。表 7-6 は日本の典型的な中規模都市である兵庫県加古川市の介護認定審査会メンバーの肩書を示している。審査会メンバーの人数はその自治体の規模によって異なり，人口が多い自治体ほど委員数は多く，

8）ほとんどの場合で，医師が審査会のチェアを務める。

人口が少ない自治体ほど委員数が少なくなる。

　それに対し，米国では，MDSの評価が要介護度判定に極めて近いと言えるかもしれないが，要介護度を判定するようなシステムはない。また，MDSを評価するのはケア・ワーカーではなく，主に正看護師である。

2）ケア・プランの作成

　各利用者のケア・プランを提案できるのは，資格を持つ介護支援専門員のみである。ケア・ワーカーはケア・プランの作成に直接たずさわることはできないが，ケア・ワーカーとしての実務経験は介護支援専門員となるのに有利である（図7-7）。介護支援専門員の国家試験を受験するには，介護関連の資格を持ち，実務経験を有することが求められる。医師や看護師など，介護に関わるその他の専門家と共に，ケア・ワーカー（介護福祉士および訪問介護員）は当該職務における5年間の実務経験があれば国家試験を受ける資格がある。

　米国にそうしたシステムはない。アウトカム型業績評価は利用者の状態（身体的・精神的状態）を改善することを目標としているため，通常は医療専門家がケア・プランを提案する。

　このように，日本で実践される介護政策モデルは，体系的にケア・ワーカーの声をケア・プランに組み込んでいる。利用者のためにケア・プランを作成する者は，必然的にケア・ワーカーとしての経験を有しており，最新の経験を持ち，変化する介護市場について把握している新たな人員が「第一線」から次々と供給される。これが，ケア・プランに最新のケア・ニーズを反映させることを可能にしている。

3）業績評価指標の設定

　米国では米国医学研究所（IOM）の医療専門家らがMDSを作成して

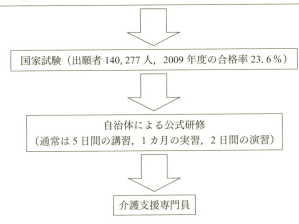

図 7-7　介護支援専門員になるプロセス

注) 図中の自治体による公式研修は東京都の場合である。研修内容は自治体によって多少異なる場合がある。
出所) 東京都福祉保健財団〈http://www.fukushizaidan.jp〉。

いるのに対し，日本の外部評価は第一線のケア・ワーカーによって作成されている。表 7-7 は，厚生労働省に設置されている業績評価指標設定委員会のメンバーの肩書である。同委員会には，17 の職種のうち介護供給者およびその専門機関からの職種が 11 含まれており，計 13 名のメンバーのうち 7 名が介護およびその専門機関から選出されている。さら

表 7-7　介護サービスの質の評価のあり方に関わる検討委員会メンバーの肩書

委員会メンバー
概要
専門機関から 6 名
介護供給者から 5 名
研究機関から 2 名
医療提供者（病院）から 1 名
地方自治体から 1 名
公益社団法人から 2 名
計：17（13 名）（複数の肩書を持つメンバーを含む）
・公益社団法人　日本認知症グループホーム協会　副代表理事，介護老人保健施設理事長
・全国グループホーム・ネットワークの世話人代表
・公益社団法人　認知症の人と家族の会　千葉支部メンバー
・認知症高齢者グループホーム　理事
・公益社団法人　日本認知症グループホーム協会　常務理事，特別養護老人ホーム　理事長
・<u>病院長</u>
・全国グループホーム・ネットワークの世話人，長野県のグループホーム協会　理事長
・公益社団法人　認知症の人と家族の会　千葉支部メンバー
・認知症介護情報ネットワーク　研究部長
・福祉研究所メンバー
・福岡県社会福祉課　課長
・介護老人保健施設　理事長
・岡山県のデイサービス協会　理事長，全国グループホーム・ネットワーク　岡山支部理事長
モデル調査参加者
45 の地域密着型サービス供給者（36 のグループホーム供給者，9 の小規模多機能在宅介護供給者）
業績評価委員会メンバー 14 名

注）下線の病院長が委員長。
出所）厚生労働省［2006b］。

に，業績評価指標のモデル調査には，45 の供給者および外部評価調査員が寄与している。したがって，日本の外部評価に第一線のケア・ワーカーの声が反映されるのは当然のことである。

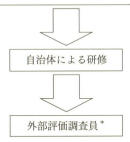

図 7-8　外部評価調査員になるには

注）＊資格は5年間有効であり，期限後は自治体の研修に参加して資格を更新する必要がある。
出所）厚生労働省［2008a］。

4）業績評価手法の実施

　日本では，外部評価を行う外部評価調査員の多くが第一線のケア・ワーカーとしての経験を持つ。図7-8に示すように，ケア・ワーカーの経験は外部評価調査員となる第一歩である。外部評価はケア・ワーカーの行動にかなり重点を置いていることから，自治体政府がケア・ワーカーに外部評価調査員となる道を提供するのは妥当なことである。その結果，業績評価の実施にケア・ワーカーの意見が反映される。

5　介護政策モデルの下でのプロセス型業績評価手法の効果

　政策決定者にケア・ワーカーとしての経験を持つ者が多くいることにより，政府は介護政策に細かいケア・ニーズを反映することができる。表7-8は，日本の介護保険制度に含まれるすべてのサービスである。こ

表 7-8 介護サービスの選択肢（詳細）

居宅介護	施設介護
訪問サービス 　訪問介護（ホームヘルプ）サービス 　訪問看護 　訪問入浴介護サービス 　訪問リハビリテーション 　居宅療養管理指導 通所サービス 　通所介護（デイケア）サービス 　通所リハビリテーションサービス 短期入所サービス 　短期入所生活介護（ショートステイ） 　短期入所療養介護 　特定施設入居者生活介護 　福祉用具貸与サービス 　特定福祉用具販売 地域密着型サービス 　小規模多機能居宅介護 　夜間対応型訪問介護 その他 　住宅改修	地域密着型サービス 　認知症対応型共同生活介護（認知症高齢者グループホーム） 介護予防支援 地域密着型サービス 　小規模多機能居宅介護 　認知症対応型通所介護 地域密着型予防プログラム 　介護予防事業 　包括的支援事業 　総合相談・支援事業 　権利擁護事業 　包括的・継続的ケア・マネジメント支援事業 　介護予防ケア・マネジメント事業 　任意の事業 施設サービス 　介護老人保健施設 　介護老人福祉施設（特別養護老人ホーム） 　介護療養型医療施設

出所）厚生労働省［2008a］。

の制度では，リハビリテーションから認知症介護，デイケアからナイトケア，介護予防から介護療養型医療施設，さらには自宅に住むことを希望する高齢者のための住宅改修まで，幅広いプログラムが利用できる。

　多様なサービスを併用することにより，利用者はニーズにあった介護を受けることができる。図 7-9 に，利用者が施設サービス（つまり介護施設への入所）ではなく自宅での生活を続けることにした場合のサービス併用例を示す。この例は，ある地方自治体が提案したものである[9]。

9）新潟市［2014］より。

第7章　プロセス評価の優位性　163

要支援1

	月	火	水	木	金	土	日
午前	介護予防通所介護または介護予防通所リハビリ			介護予防訪問介護			
午後							

要支援2

	月	火	水	木	金	土	日
午前	介護予防訪問介護	介護予防通所介護または介護予防通所リハビリ			介護予防通所介護または介護予防通所リハビリ		
午後				介護予防訪問介護			

要介護1

	月	火	水	木	金	土	日
午前	訪問介護	通所介護または通所リハビリ	訪問介護	訪問看護	通所介護または通所リハビリ	訪問介護	
午後							

要介護2

	月	火	水	木	金	土	日
午前	通所介護または通所リハビリ	訪問介護	通所介護または通所リハビリ	訪問看護	通所介護または通所リハビリ	訪問介護	
午後				訪問介護			

補助用具（貸与）：車椅子

要介護3

	月	火	水	木	金	土	日
午前	通所介護または通所リハビリ	訪問介護	通所介護または通所リハビリ	訪問看護	通所介護または通所リハビリ	訪問介護	
午後	訪問介護	訪問介護	訪問介護	訪問介護	訪問介護	訪問介護	訪問介護

補助用具（貸与）：車椅子，特殊寝台，マットレス

要介護4

	月	火	水	木	金	土	日
午前	訪問介護	訪問介護	訪問介護	訪問介護	通所介護または通所リハビリ	訪問介護	訪問介護
午後	訪問介護	訪問看護 訪問介護	訪問介護	訪問看護 訪問介護	訪問介護	訪問介護	訪問介護

補助用具（貸与）：車椅子，特殊寝台，マットレス，エアーパッド

要介護5

	月	火	水	木	金	土	日
午前	訪問介護 訪問看護	訪問介護 訪問介護	訪問介護 訪問介護	訪問介護 訪問介護	訪問介護 訪問看護	訪問介護	訪問介護
午後	訪問介護 訪問介護	訪問介護	訪問リハ 訪問介護	訪問介護	訪問介護 訪問介護	訪問介護	訪問介護

補助用具（貸与）：車椅子，特殊寝台，マットレス，エアーパッド

図7-9　標準的な1週間の在宅ケアプラン（要支援1～要介護5）

出所）新潟市［2014］。

これらのサービス[10]は高所得者以外は10％の費用負担で利用でき，費用の90％は介護保険でカバーされる[11]。利用者は，訪問看護，リハビリテーション，訪問介護（ADL支援），カウンセリングなどを含む複数の訪問サービスを選択することができる。また，単に包括的なADL支援やリハビリテーションを受けるためだけでなく，他の高齢者と交流するためにも，デイサービス（またはデイケア）といった通所サービスを利用することができる。利用者が寝たきりになった場合は，訪問サービスを1日3〜4回受けられ，さらに必要な場合は夜間サービスも受けられる。言うまでもなく，施設サービスを選択した場合は，在宅介護の場合のようにケア・ワーカーが通う必要がないため，さらに包括的な介護を受けられるはずである。そうした多様な介護サービスは，介護政策モデルの下でプロセス型業績評価手法を適用することにより，いかにケア・ワーカーの声（つまり利用者のニーズ）が日本の制度の政策に反映されているかを示していると言える。

6　プロセス型業績評価モデルの好循環

　介護政策モデルの下でのプロセス型業績評価の効果は，ケア・ニーズによく対応できることだけでなく，そうした状況を維持できることにもある。表7-9および表7-10は，12カ国のOECD加盟国の行政官調査で挙げられた，施設介護と在宅介護に関する上位3つの政策上の懸案事項を示している。それらのうち，最も多く見られる問題は熟練したケア・ワーカーの確保である。したがって，介護供給における共通課題は，有

---

10) 地域によって例外あり。
11) 利用者は要介護度に応じて月額最大49,700円（要支援1）から358,300円（要介護5）相当のサービスを1割の個人負担で利用できる。

表 7-9　施設介護の質に関する政策上の懸案事項

挙げられた課題	国
十分な教育を受けた熟練の実務者の採用および確保，スタッフの質の向上	この問いに回答した 12 カ国
品質評価・監視システムの実施またはさらなる開発	オーストリア，韓国，米国
介護サービスの連携	カナダ，ハンガリー，ドイツ
建物の質および設備	ハンガリー，日本
その他の制約：料金値下げへの圧力／供給者への不十分な支払い，スタッフの時間不足	ニュージーランド，英国，韓国（政府補助金の不足）
より幅広いサービスへのアクセス，さらなる細分化	ノルウェー，オーストリア（ショートステイ用ユニットの数）
その他に挙げられた「主要懸念事項」（国特有）	拘束の使用（日本），保険請求の件数，介護のための保険の欠如（米国）

注）データは以下の設問に対する各国の行政官の回答に基づく。「あなたの国における施設介護の質についての主要な懸案事項を 3 つ挙げてください」。
出所）OECD［2005］．

表 7-10　在宅サービスの質に関する政策上の懸案事項

挙げられた課題	国
十分な教育を受けた熟練の実務者の採用および確保，スタッフの質の向上	この問いに回答した国の大多数
ケア・マネージャーの技能向上	カナダ，日本
品質評価・監視システムの実施またはさらなる開発，基準枠組みの改善	オーストラリア，オーストリア，韓国
介護サービスの連携，ケアの連続性	オーストラリア，ニュージーランド
サービスに関する情報の不足	日本，英国
不適切な在宅介護の防止	オーストラリア
経費の制約，限られた資金	韓国，米国
より幅広いサービス，細分化されていないサービス	カナダ，ノルウェー，英国
認知症例に対する十分な介護の供給	ドイツ，日本

注）データは以下の設問に対する各国の行政官の回答に基づく。「あなたの国における在宅介護の質についての主要な懸案事項を 3 つ挙げてください」。
出所）OECD［2005］．

能な熟練のケア・ワーカーを採用し，訓練することである。日本では，介護政策モデルの下でのプロセス型業績評価によって提供される政策決定者へのキャリアパスが，そうしたケア・ワーカーを惹きつける一因となっている。

ケア・ワーカーは低賃金の単純労働者とみなされがちであり，社会における重要性と責任が増しているにもかかわらず，大半の国ではキャリアアップがほとんど見込めない。例えば，米国ではダイレクト・ケア・ワーカー（米国のケア・ワーカー）の賃金は貧困レベルに近い。図 7-10 に示すように，ダイレクト・ケア・ワーカーの賃金はその他の単純労働者より低いことがわかる。ダイレクト・ケア・ワーカーの家庭の 41％以上が，補助的栄養支援プログラム（いわゆる「フードスタンプ」）をはじめとした何らかの公的補助に頼っている（Paraprofessional Healthcare Institute〔PHI〕［2009］）。また，健康保険に加入していないケア・ワーカーの割合は，その他の職種の倍近くにのぼっている（図 7-11）。皮肉なことに，ケアを提供する人々の方が，その他の人々に比べてヘルスケアへのアクセスがはるかに少ない状態となっている。また，単純労働とみなされているため，キャリアを積むというメリットが少なく，優秀な人材が極めて集まりにくい状況になっている。一方で，ケア・ニーズが多様化するにつれ（認知症介護など），高度な介護技術に対する需要は確実に高まっている。

もちろん，日本におけるケア・ワーカーの扱いも，大いに改善の余地がある。日本介護福祉士会の調査（日本介護福祉会［2005］）によると，介護福祉士の 47.8％が職業上の不満として低賃金を挙げている（複数回答）。その結果，ケア・ワーカーの離職率は他のどの業界よりも高くなっており，離職率はその他の業界の平均が 15.4％なのに対し，ケア・ワーカーは 21.6％となっている（介護労働安定センター［2008］）。その上，2015 年度より介護保険報酬が減額され，賃金の一層の低下が

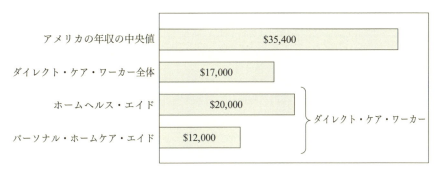

図7-10 ダイレクト・ケア・ワーカーの低賃金（年収の中央値）

出所）Paraprofessional Healthcare Institute［2010］.

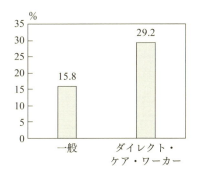

図7-11 健康保険に加入していないダイレクト・ケア・ワーカーの割合

出所）Paraprofessional Healthcare Institute［2008］.

予測されている。

しかし，日本における介護政策モデルの下での業績評価は，政策決定者に向けたケア・ワーカーのキャリア上のメリットがあり，この問題解決の一助となっている。日本では，ケア・ワーカーは単純労働者として働き始めても，そのキャリアは高賃金を得られる高いポジションにつながっている。これは確実に有能な働き手をひきつける要因であろう。

表 7-11　日本における介護福祉士の給与（年俸）の実情調査

(円)

経験＼教育	義務教育のみ	高校卒業	短大卒業	大学卒業	合　計
1 年未満	データなし	データなし	データなし	3,498,120	3,498,120
1 年	データなし	データなし	データなし	3,445,886	3,445,886
2～3 年	データなし	データなし	データなし	3,422,434	3,422,434
3～4 年	データなし	3,524,360	3,598,701	3,759,356	3,719,525
5～6 年	データなし	データなし	3,867,120	3,985,331	3,979,421
7～9 年	データなし	3,927,800	3,871,712	4,352,265	4,175,495
10～14 年	データなし	4,086,404	5,040,950	5,097,907	4,869,521
15～19 年	データなし	4,249,240	5,217,939	6,341,404	6,217,255
20～24 年	データなし	5,633,941	6,034,183	6,917,815	6,656,289
25～29 年	データなし	5,307,040	6,982,284	7,237,960	6,906,164
30～34 年	5,220,120	5,753,727	7,364,764	7,591,954	7,177,755
35 年以上	データなし	7,463,673	8,051,006	7,529,076	7,643,208
合　計	5,220,120	4,904,065	5,455,358	5,579,403	5,490,568

注）給与は税引き後の手取り額。日本では国民年金制度により，健康保険および年金は雇用者によって個別に支払われる。
出所）日本介護福祉士会［2005］。2005 年 2 月に 12,000 人にアンケートを郵送し，3,549 人から回答を得た。

　さらに，日本のケア・ワーカーの賃金には累進制が適用されている。第一に，政府がケア・ワーカーの賃金の指針を示しており，このシステムでは実務経験や取得資格が考慮される。この指針は極めて細かく複雑であるが，その結果，表 7-11 に示すように，実際の勤務状態が累進的に給与に反映される。第二に，ケア・ワーカーが高度な資格を取得するに従って，給与は大幅にアップする。例えば，認定介護職の中でも最もレベルの低い介護福祉士が介護支援専門員の資格を取得すると，給与が大幅にアップする。厚生労働省の調査では，介護福祉士の 47.8％が職業上の不満として低賃金を上げている（複数回答）が，介護支援専門員になるとその割合は 36.3％に低下する。

　日本の介護職市場は，介護政策モデルの下でのプロセス型業績評価の直接的な結果として，有能な働き手をひきつけている。確かに，低賃金

は依然としてケア・ワーカーの課題のひとつである。しかし，政策決定に関わる職につながる魅力的なキャリアパスや累進的な給与システムが，既存のケア・ワーカーに利益をもたらし，保健関連のキャリアに関心のある新たな働き手をひきつけている。

おわりに

　本章では，2つの実例を分析し，政府がプロセス型業績評価モデルを実施した場合の方が，利用者のニーズによく対応する市場となることを証明した。日本のケースを調査した結果，プロセス型業績評価が利用者のニーズ（つまり，ケア・ワーカーの行動を通じて汲み取られた利用者の高度なニーズ）を反映することが示された。さらに，介護政策モデルは，ケア・ワーカーの直接参加とケア・ワーカーとのインタラクションを通じて，政府が市民の需要を把握するのを支援する。

　米国のケースは，アウトカム型業績評価手法の弱点を裏付けた。政策目標の曖昧さを切り落とすことにより，アウトカム型業績評価手法は利用者のニーズを反映させることに失敗した。既存の公共政策モデルでは政府と供給者（つまりケア・ワーカー）の間に密なつながりがなく，その結果，利用者の期待と提供されるサービスの間にギャップが広がり，利用者の不満につながっている。

　次章では，ケア・ワーカーの訓練という，プロセス型業績評価手法のもうひとつの側面について調査していく。

第 8 章

ケア・ワーカーの訓練

　前章ではケア・ワーカーの行動について考察したが，本章ではケア・ワーカーの訓練という，プロセス型業績評価のもうひとつの側面について検討する。これには 2 つの目的がある。ひとつは，利用者のニーズを汲み取るためにケア・ワーカーにどのような訓練が必要かを検討することである。もうひとつは，求められるケア・ワーカーの数が増加の一途をたどる現状において，訓練を持続的に行っていくことが可能かどうかを検証することである。

1　ケア・ワーカーの訓練の概要

　多くの国の政策担当者は，ケア・ワーカーの技術と適格性の向上が介護の質を確保する上で重要であることを認識している。前掲の表 7-9 および表 7-10（第 7 章）で述べたように，行政官は共通してケア・ワーカーの訓練不足を政策上の懸案事項として挙げている。
　しかし，現実には，多くの国でケア・ワーカーの訓練の重要性が大いに見過ごされている。事実，全国レベルで共通の，最低限の訓練制度を導入しているのは米国と日本のみである。その他の国は，いずれもケ

ア・ワーカーの定義が依然として明確にされておらず，介護施設が介護の担い手として事実上誰でも雇い入れることができる[1]。

　それに対し，米国[2]や日本では，ケア・ワーカーになるためには必ず共通の訓練を受ける必要がある。この状況を車の運転の場合と比較してみよう。私有地での車の運転に運転免許は不要だが，公道を走るには免許が必要であり，無免許運転は違法となる。同様に，米国や日本でも私的な介護は家族や友人などが行うことができる。しかし，義務付けられた訓練を受けていなければ，「公的なルート」を通じて介護を提供することはできない。「公的なルート」とは，つまり米国におけるメディケイドの高齢者介護[3]施設であり，日本における介護保険制度のことである。こうしたルートを通しての介護行為は，訓練を受けていなければ違法となる。

　しかし，米国と日本では，ケア・ワーカーの訓練に対するアプローチがまったく異なっている。米国の研修は簡潔なものであり，ケアを適切に実践すること，職務上考えられる危険からケア・ワーカーを保護することに重点を置いている。それに対し，日本における研修は包括的であり，ケア・ニーズを汲み取るために被介護者を理解することに重点を置いている。そこで，ケア・ワーカーの訓練の有効性を調査するため，本章でも引き続き米国と日本のケースを比較していく。

---

1) ここでいう「ケア・ワーカー」は医師や看護師等の医療従事者を含まない。欧米の多くの国では，確かに，看護師が介護に重要な役割を果たす場合が多い（堀田［2012］）が，それは，それらの国で例えば外科手術後の看護の一部を，介護に分類していることに帰する。本書では，高齢者を対象とした介護に焦点を置くため，こうした看護を敢えて介護の分類から外すことにした。

2) パーソナル・ホームケア・エイドのカテゴリーに対してはまったく訓練を課さない州もある。

3) 米国では，民間および非営利を含むすべての介護施設が地方自治体（ほとんどの場合州政府）に登録することが義務付けられている。したがって，ここでいう「公的なルート」は必ずしも公的施設のみを意味するわけではない。

2 ケア・ワーカーの定義

米国と日本におけるケア・ワーカーの定義を表 8-1 で再確認しておく。両国では名称が異なるものの，職務内容に大きな差はない。ケア・ワーカーは，主に介護施設や利用者の自宅で ADL 支援を行う。

表 8-1 米国と日本におけるケア・ワーカーの定義

米国（ダイレクト・ケア・ワーカー）	日本（ケア・ワーカー）
ナーシング・エイド：一般的に高齢者介護施設に勤務するが，一部は共同生活施設やその他の地域密着型サービス，あるいは病院に勤務する。入所者の ADL（食事，着替え，入浴，排泄など）の支援を行い，可動域運動や血圧測定といった臨床的な任務も担う。	准看護師：一般的に病院に勤務するが，一部は施設介護にたずさわる。患者（入所者）の ADL（食事，着替え，入浴，排泄など）の支援を行い，可動域運動や血圧測定といった臨床的な任務も担う。
ホームヘルス・エイド：実質的にナーシング・エイドと同じケアやサービスを提供するが，看護師や療法士の監督の下で，自宅や地域密着型サービスで利用者の支援を行う。また，食事の支度やシーツの取り換えなど，簡単な家事も行う。	介護福祉士：「専門的知識および技術をもって，身体上または精神上の障害があることにより日常生活を営むのに支障がある者につき心身の状況に応じた介護を行い，ならびにその者およびその介護者に対して介護に関する指導を行う」（1987 年施行の社会福祉士及び介護福祉士法）。
パーソナル・ホームケア・エイド*：個人宅で働く場合とグループホームに勤務する場合がある。ADL の支援に加え，食事の支度などの家事や服薬管理を手助けすることも多い。また，利用者が通勤し，地域とのつながりを維持する手助けも行う。これらのケア・ワーカーは，消費者が直接雇用し，指導する。その数は増加している。	訪問介護員：「訪問介護員という専門職名で登録された者**」（介護保険法施行令第 3 条第 1 項(2)）。職務には以下が含まれる：a) 食事，入浴，着替え，移動の補助などの「介護サービス」，b) 調理，洗濯，掃除，買い物などの家事の補助，c) 被介護者やその家族に対するメンタルケア，d) 被介護者の家族に対するケアの助言。

注） *彼らにはパーソナル・ケア・アテンダント，ホームケア・ワーカー，パーソナル・アシスタント，ダイレクト・サポート・プロフェッショナル等の呼び名がある。**訪問介護員は都道府県の資格であるが，資格所得に必要な研修内容は厚生労働省によって設計されている。
出所）Bureau of Labor Statistics [2010]。

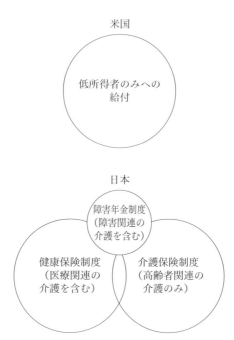

図 8-1　米国と日本における介護制度の違い

　しかし，両国における介護システムの違いにより，ナーシング・エイドと准看護師の役割はやや異なる。米国において，ナーシング・エイド，ホームヘルス・エイド，およびパーソナル・ホームケア・エイドはダイレクト・ケア・ワーカーと呼ばれ，いずれも主に介護施設に勤務している。それに対し，日本の場合，介護福祉士と訪問介護員は主に介護施設に勤務するが，准看護師は実際には介護施設ではなく主に病院に勤務している[4]。

　この違いは，両国における「介護」の定義に根ざしている。図 8-1 に示すように，米国の公的介護では低所得者のみへの給付制度が採用され

4）介護福祉士と訪問介護員は後で述べる障害者施設でも勤務する。

ている。それに対し，日本では介護が3つの異なる制度にまたがっている。公的介護保険制度では高齢者関連の介護サービスのみがカバーされるのに対し，医療関連の介護と障害関連の介護は，それぞれ公的健康保険制度（つまり医療施設）および公的障害者保険制度（つまり障害者介護施設）によってカバーされる。

3　日本で極めて長い研修時間

　ケア・ワーカーに義務付けられている研修時間は，日本の方が米国よりはるかに長い。表8-2は，両国で義務付けられている研修時間数をまとめたものである。日本の准看護師と介護福祉士に義務付けられている研修時間数は，それぞれ1,890時間および1,800時間[5]であるのに対し，米国でそれらに相当する職種の研修時間はわずか75時間である。その差は実に約24倍にのぼる。日本の訪問介護員の研修は500時間（2級は150時間）に及ぶのに対し，米国の相当職種の研修時間は75時間である。ここでの差はそれほど大きくないものの，それでも日本の研修時間は米国の6倍近い（2級の場合は2倍）。

　確かに，米国では多くの州政府が連邦政府の定める最低基準より多くの研修時間を課している。実際のところ，27の州とワシントンDCでは時間数を追加した研修を義務付けている。そのうち，12の州とワシントンDCでは研修時間が最高で計120時間にのぼる。それに対し，日本では准看護師と訪問介護員は都道府県資格だが（介護福祉士は国家資格），通常自治体によって研修時間に差はない。

　それでも，米国と日本とでは必要な研修時間数に大きな差がある。さ

---

5) 介護福祉士に関しては，必要な研修は，介護施設における3年間の実地訓練によっても代替できる。しかし，その場合でも国家試験に合格する必要がある。

表 8-2　日本と米国で義務付けられている研修時間数

	日本	米国
職種	准看護師（CAN） 介護福祉士（CCW） 訪問介護員（TTH）	ダイレクト・ケア・ワーカー（DCW）
義務付けられている研修時間数	CAN：1,890 時間 CCW：1,800 時間 TTH：500 時間 　　　（2 級：130 時間）	75 時間 （16 時間の臨床実習を含む）

出所）福祉医療機構［2010b］および Bureau of Labor Statistics［2010］。

らに，日本では認知症介護などの多様化するケア・ニーズに対応するため，介護福祉士の研修時間は 2009 年に 1,500 時間から 1,800 時間へ増加している。さらに，訪問介護員の研修時間は 250 時間から 500 時間に増やされ，50 時間の研修が義務付けられていた 3 級は廃止された[6]。また，2 級訪問介護員は，計 500 時間の研修を修了することが奨励されるようになった。さらに，訪問介護員の資格については，准看護師の資格と共に，研修時間が短すぎるという批判が出ている。厚生労働省の議事録［2008b］によると，多くの政策決定者が両資格の廃止を提案しており，その場合，既存の資格保有者はそれぞれ正看護師[7]と介護福祉士にアップグレードする必要がある。それに対し，米国では一部研究者ら（Li and Ziemba［2009］など）が研修時間数を増やすことを提案しているものの，最低時間数はしばらく変更されていない。

6）2009 年 4 月に廃止。
7）正看護師になるには約 3,000 時間の研修と国家試験の合格が求められる。

4 2つのフェーズからなる訓練内容

　ケア・ワーカーの訓練の目的は，被介護者に高質なケアを提供するために必要な技術と行動様式を身に付けることである。そのために，訓練はおおよそ2つのフェーズからなる。フェーズ1は，依頼された身体的支援を安全に行うことに重点を置く。米国の研修は基本的にこれに焦点を置く。フェーズ2は，この上に潜在的なケア・ニーズを汲み取り，それに対応することにも重点を置く。これは，特に認知症がある高齢者にケアを提供する際に必要となる。日本の研修はこの段階にある。

1) フェーズ1：米国のケース

　訓練のフェーズ1では，目に見えるケア・ニーズに対応できるようにするため，基本的な態度と身体的な技術に重点を置く。ここで身に付ける項目には，基本的な法的／倫理的問題，人権，およびコミュニケーションが含まれる。これらは，この職業においてほぼ基礎技能とみなされている。訓練する技術は具体的であり，基本的な医療関連スキルや移動テクニックなどが含まれる。被介護者のほとんどは高齢であるため，緊急時に備えて基本的な医療関連スキルは必要になるが，ケア・ワーカーが担うのは応急処置のみで，医学的な治療は行わない。移動テクニックについては，フェーズ1の訓練ではスムーズなサポートの提供だけでなく，ケア・ワーカー自身の身体的の保護も含まれる。ADL支援では，ケア・ワーカーは被介護者を抱え上げる必要があることが多いが，被介護者の体は例えば工事現場の資材などよりはるかにデリケートで，重量もあることが多い。実際に，ダイレクト・ケア・ワーカーは米国で勤務中の負傷率が最も高い職業のひとつである（Zontek, Isernhagen and Ogle [2009]）。特に腰の怪我が非常に多く見られる[8]。そのため，フェーズ1

表 8-3　米国における研修内容

職種	内容	時間数
ナーシング・エイド	臨床実習	16 時間
	その他の技術 　基本的な介護 　パーソナル・ケア 　精神保健およびソーシャルサービス 　認知障害がある人のケア 　基本的な回復ケア 　入所者の権利	59 時間
	合　計	75 時間
ホームヘルス・エイド／パーソナル・ホームケア・エイド	カバーする分野 　個人衛生管理 　安全な移動テクニック 　バイタル・サインの測定・記録 　感染症管理 　基礎栄養学 　（＋16 時間の実習＊）	75 時間
	合　計	75 時間

注）＊は多くの州で義務付けられている。
出所）Bureau of Labor Statistics［2010］.

の訓練では，目に見えるケアに向けた基本的な行動様式と技術を取り扱う。表 8-3 は，米国における研修の内容である。ナーシング・エイドについては，「入所者の権利」が行動様式に該当し，臨床実習，基本的な介護，パーソナル・ケア，および基本的な回復ケア等は技術に関するものとなる。ホームヘルス・エイド／パーソナル・ホームケア・エイドについては，「個人衛生管理」が行動に該当する。安全な移動テクニック，バイタル・サインの測定・記録，感染症管理，および基礎栄養学は技術にあたる。

8）日本では約 70％のケア・ワーカーが腰痛を経験している（厚生労働省［2008b］）。

2) フェーズ 2：日本のケース

　フェーズ 2 では，潜在的なケア・ニーズを汲み取ることを目的として，精神面やコミュニケーションの面に重点を置いた訓練を行う。かなりの数の被介護者には認知障害があるため，多くのケア・ニーズは目に見えない。お年寄りは，トイレに行く際の介助や，ベッドで体の向きを変える手助け，着替えの手伝いが必要なことがある。しかし，認知状態によって自分の意思をうまく伝えることができない場合，そうしたニーズは容易に見過ごされてしまう。ケア・ワーカーがこうした潜在的なニーズを汲み取るためには，被介護者の心理を理解し，効果的にコミュニケーションを取らなければならない。

　効果的なコミュニケーションは，単に被介護者の助けとなるだけでなく，ケア・ワーカーの健康を守ることにもつながる。被介護者の精神状態は不安定になりがちなため，介護という仕事は非常に精神的に消耗する職業である。被介護者の大半は，人生の最後の時期にさしかかっているため，ケアを受けながら否応なく死の恐怖に直面することになる。Kübler-Ross［1969］によると，人間の死への順応のパターンには通常「悲哀の 5 段階」がある。その段階とは，否認，怒り，取引，抑うつ，そして受容である。つまり，被介護者はこれらの各段階で非常に感情的になる可能性があり，ケア・ワーカーは介護をしながらそうした激情に向き合い，対応しなければならない。川村［2008］の調査[9]は，ケア・ワーカーの約 28 ％が「被介護者から身体的虐待や言葉の虐待」を受けたことがあると報告しており，これは職務上の重大な懸念事項である。そうした環境では，ケア・ワーカーが被介護者と効果的にコミュニケーションを取ることで，そうした感情に対処できることが，被介護者とケア・ワーカーの両方にとって非常に重要である。

---

9) この調査は日本で行われたが，ケア・ワーカーの仕事はどの国でも似ているので，米国やその他の国でも似たような結果が得られると思われる。

表 8-4 日本の准看護師に義務付けられている研修

	科目	タイプ	時間
基礎	国語	講義	35
	外国語	講義	35
	その他の一般教養	講義	35
専門基礎	人体のしくみと働き	講義	105
	食生活と栄養	講義	35
	薬物と看護	講義	35
	疾病の成り立ち	講義	70
	感染と予防	講義	35
	看護と倫理	講義	35
	患者の心理	講義	35
	保健医療と社会福祉のしくみ／看護と法律	講義	35
専門	基礎看護		
	看護概論	講義	35
	基礎看護技術	講義	210
	臨床看護概論	講義	70
	成人看護／老年看護	講義	210
	母子看護	講義	70
	精神看護	講義	70
	看護実習		
	基礎看護	実習	210
	成人看護／老年看護	実習	385
	母子看護	実習	70
	精神看護	実習	70
	合計		1890

出所）福祉医療機構［2010b］。

　日本の訓練の重点はこのフェーズ2へ移行している。表8-4〜8-6は，准看護師，介護福祉士，訪問介護員に義務付けられている研修内容である。准看護師の研修内容を見るとわかるように，患者の心理，精神看護，および精神看護（実習）などいくつかの科目によって，患者の心理面が扱われており，そうした課題に計175時間があてられている。さらに，患者をより深く理解するため，成人／老年や母子などの患者集団に特に

表 8-5 日本の介護福祉士に義務付けられている研修

科目			時間
人間と社会	人間の理解	人間の尊厳と自立	30
		人間関係とコミュニケーション	30
	社会の理解	社会の理解	60
	選択科目	1. 生命科学 2. 人間と社会生活に関する数学と論理的思考 3. 基本的な生活技術（生活文化，生活技術など） 4. リーダーシップと対人関係 5. 社会科（社会学，政治経済学） 6. 様々な社会福祉制度	120
介護	基礎介護		180
	コミュニケーション技術		60
	生活支援技術		300
	介護過程		150
	介護総合演習		120
	介護実習		450
こころとからだ	認知症の理解		60
	障害の理解		60
	こころとからだのしくみ		120

出所）福祉医療機構［2010b］。

焦点を当てた実習科目がある。成人／老年の特殊なニーズや問題を理解するため，研修のうち計 595 時間が特に成人／老年介護にあてられている。介護福祉士の研修では，こうした側面がより明確に強調されている（表 8-5）。実習に加え，多くの科目で人間の心理の理解について取り扱っている。取り上げられるトピックには，人間の尊厳と自立，人間関係とコミュニケーション，社会の理解，リーダーシップと対人関係，社会学，コミュニケーション技術，認知症の理解，障害の理解，こころとからだのしくみなどが含まれる。実に研修全体の約 26％に相当する 460 時間がそうした題材にあてられている[10]。これを以前の研修内容と比較

---

10) 選択科目に関しては，選択科目の合計履修時間を選択科目数で割ることで算出している（例：$x = 120/6$）。

表 8-6 日本の訪問介護員に義務付けられている研修

科　目	タイプ	時間
生活支援のミッションと被介護者の尊厳の理解	講義／演習	30
高齢者と障害者が利用可能な制度とサービスの理解	講義／演習	30
高齢者と障害者の疾病と障害の理解	講義／演習	30
認知症の理解	講義／演習	30
コミュニケーションと介護技術	講義／演習	90
生活支援と家事に関する技術	講義／演習	30
医療・看護スタッフとの連携	講義／演習	30
介護に関する社会福祉技術	講義／演習	30
生活支援の計画と評価	講義／演習	30
ケア・ワーカーとしての倫理と任務	講義／演習	30
介護実習	実習	140

出所）福祉医療機構［2010b］。

すると，その差は明白である。この傾向は訪問介護員も同様である（表8-6）。以上をまとめると，日本の研修では被介護者の理解とコミュニケーションに重点が置かれている。このようにして，日本のケア・ワーカーは潜在的なケア・ニーズを特定する能力を磨いていくのである。

5　資格試験

米国では一般的に研修課程を修了すれば資格を取得できるのに対し，日本では研修課程を修了しても資格試験の受験資格を得られるに過ぎない。まず，日本の准看護師候補者（つまり，指定養成所で必要な研修課程を修了した者）が資格を得るには，都道府県の准看護師試験に合格する必要がある。訪問介護員試験は廃止されるが，2級試験は残り，合格者は必要な 500 時間の研修を一部免除される。しかし，介護福祉士については，試験は全国共通試験である[11]。図 8-2 に示すように，現在は介護福祉士になるルートが 6 つあるが，すべてのルートで試験が実施される。

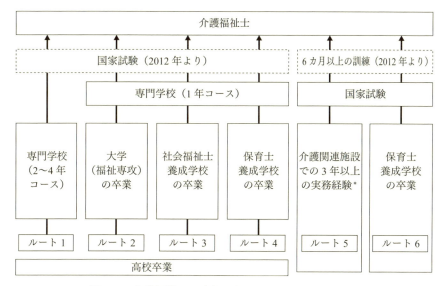

図 8-2 介護福祉士の資格を得るための6つのルート

注）点線のボックス内のステップは2012年4月から導入された。＊ここでの「介護関連施設での実務」とは，高齢者介護施設における資格が不要な仕事（部屋の清掃や入所者の食事作りなど）を通じた実地訓練を指す。
出所）厚生労働省［2010a］。

さらに，試験は単に形式的なものではない。試験科目は広範囲にわたり（表8-7），表8-8に示すように，毎年試験に合格できるのは受験者のわずか6割程度である[12]。

おわりに——優秀な人材を惹きつけるために

本章の目的は，介護の質を保証するプロセス型業績評価手法の一環としてのケア・ワーカーの訓練について調査することであった。米国と日

---

11) 2012年までは試験はルート5および6のためだけに課された（図8-2）。
12) 試験は絶対評価であり，相対評価ではない。

表 8-7　介護福祉士の試験科目

筆記試験
社会福祉概論
老人介護
障害者介護
リハビリテーション
社会福祉と介護支援技術
レクリエーション活動の企画
老人と障害者の心理
家政学
医学
精神保健
介護概論
介護技術
様々な状況における介護技術
実技試験（筆記試験と対応。特に「社会福祉と介護支援技術」の科目）

出所）厚生労働省［2010a］。

表 8-8　介護福祉士の試験合格率（2006〜10年）

年	受験者数	合格者数	合格率（％）
2014	154,390	99,689	64.6
2013	136,375	87,797	64.4
2012	137,961	88,190	63.9
2011	154,223	74,432	48.3
2010	153,811	77,251	50.2
2009	130,830	67,993	52.0
2008	142,765	73,302	51.3
2007	145,946	73,606	50.4
2006	130,034	60,910	46.8

注）2012年より，それ以前には試験を免除されていた課程修了者にも試験が課せられるようになった。
出所）厚生労働省［2015］。

本のケースを分析した結果，ケア・ワーカーの訓練には 2 つのフェーズがあり，両フェーズがそれぞれ介護の質を担保する上で役立っているという理論的証拠が得られた。つまり，フェーズ 1 は適切なケアの行動と身体的技能（例えば，被介護者を抱えて移動させる技術）を確かなものにすることで，顕在的なケア・ニーズに対する介護の質を標準化するのに対し，フェーズ 2 は被介護者の心理面について教育し，被介護者の隠れたニーズを汲み取るためのコミュニケーション技術を磨くことによって，ケア・ワーカーが潜在的なケア・ニーズに対応できるようにする。

　しかし，このような訓練を課すケア・ワーカーに優秀な人材を惹きつけることができるかという課題がある。日本のケースに見られるように，被介護者人口は増加すると予測される一方で，研修内容はより包括的なものになっている。日本は高齢化社会が進む今後数十年，有能な人材を確保し続けられるだろうか？

　この問いへの答えの一部は既に前章で明らかになっている。他の多くの国と比べ，日本でケア・ワーカーになることはキャリアにおけるインセンティブがある。つまり，ケア・ワーカーとしての経験が介護分野における政策決定に関与するのに必要なステップとなりつつあるのである。例えば，現在でも被介護者のケア・プランを作成し，介護サービス事業者との調整等を取りまとめる資格である介護支援専門員の受験資格を得るには，介護福祉士としての実務経験 5 年以上が必要となる[13]。また，社会福祉士等の難関資格の受験資格においても，ケア・ワーカーとしての現場経験があれば，専門学位がなくとも認められる等の措置がある。すなわち，ケア・ワーカーには，現場での経験を経た専門職に就くキャリアアップの道が開けている。

---

13) ただし，介護福祉士以外でも医師，歯科医師，薬剤師，看護師，理学療法士等の法定資格を持っての実務経験が 5 年以上もしくは相談援助業務の実務経験 5 年以上があれば受験資格を得られる。もっとも，試験合格者の約半数は介護福祉士である。

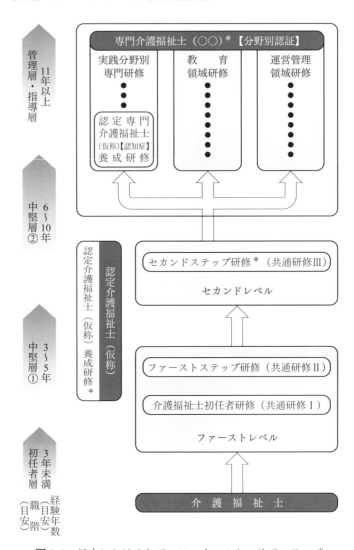

図 8-3　日本におけるケア・ワーカーのキャリアステップ

注）＊2015 年 3 月時点で検討中の事項。
出所）厚生労働省［2013］。

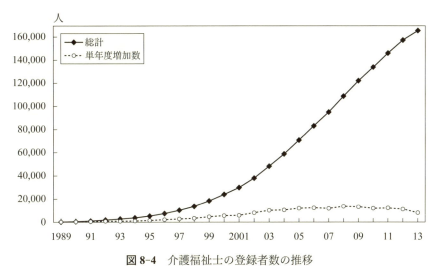

図 8-4 介護福祉士の登録者数の推移

出所) 厚生労働省 [2014]。

　さらに，現在，政府で構想されているのは，このキャリアパスをより包括的にする仕組みである。これにより，既存のキャリアパスは残しながら，図 8-3 に見られるように，キャリアを積みながら認定介護福祉士，専門介護福祉士にスキルアップし，最終的に例えば認知症対応等の専門分野の専門家，介護教育の専門家，また介護分野の運営管理の専門家として現場の経験と知識を活かす道が拓けることになる。

　政府のこうした取り組みにより，日本ではケアの品質が質量ともに圧倒的なケア・ワーカーの訓練とプロセス評価制度に支えられ，介護政策モデルを実践している。ケア・ワーカーに多大な負荷を強いる長期の訓練も，彼らに明確なキャリアパスを提示することで，ケア・ワーカーの登録者数は実際に増加の一途をたどっている（図 8-4）。これは，ケア・ワーカーの訓練の重要さを認識しつつも，人手不足から実践できずにいる諸外国とは対照的であるといえる。例えば，米国はケア・ワーカーの 23％ を移民に頼っているのに対し[14]（Paraprofessional Healthcare Institute

〔PHI〕［2010］），日本の移民依存率は 1 ％に満たない[15]。もちろん，日本の介護保険市場にも課題は多くあり，それらは終章でまとめて述べるが，少なくとも日本の検証により，第 7 章で提示した介護市場モデルが，最低限のケア品質を確保する上で十分に機能していることが証明されたと言える。

---

14) PHI は移民を米国外で生まれた人と定義している。
15) 確かに，2014 年の介護福祉士国家試験における，EPA に基づく外国人合格者は 78 名であり，この数は同年の合格者の 7.8％ を占める。しかし，EPA に基づく外国人合格者の累計はまだ 100 名程度であり，EPA に基づかない受験者はほぼすべてが日本生まれの日本人と推測されるため，全体合格者累計の 998,484 名（厚生労働省［2015］）の中では，約 0.1 ％ 程度を占めるに過ぎない。

第9章

介護政策モデルの持続可能性を担保する産業政策

　前章で見たように，日本ではケア・ワーカーの意欲が比較的高い。とはいえ，急速な人口高齢化に対応してケア・ワーカーの候補者を訓練し，介護システムを維持するのは，政府にとってコストのかかることである。
　しかし，先に説明したように，日本のケア・ワーカーの訓練には高齢者介護の潜在的なケア・ニーズを汲み取る仕組みが組み込まれている。この潜在的なニーズを汲み取る作業は，経済・ビジネス用語では「市場調査」と言い換えることができ，人口高齢化に対応した産業政策に転換できる。すなわち，コストを掛けてケア・ワーカーを訓練し，潜在的なニーズにも対応する最上のケアを提供する仕組みを作りながら，一方でそこで得られたニーズを産業政策に転換し，介護システムの持続可能性を担保することは，少なくとも非現実的なことではない。
　序章で述べたように，高齢者介護のニーズは今後しばらく拡大の一途を辿る。財務省主計局［2014］の推計（図9-1）によれば，2000年に3.3兆円だった介護保険給付費用総額は，2012年に8.4兆円となり，2025年には約20兆円に迫る。介護保険は通常1割負担（高所得者は2割負担）なので，利用者の自己負担をあわせるとこの市場は20兆円を超える規模となる見込みである。さらに，序章で述べたように，人口高齢化は日本だけの現象ではなく，日本以外の先進工業国も日本を追って

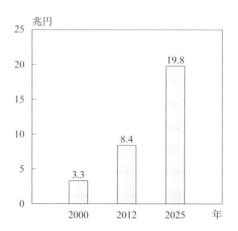

図 9-1　介護保険給付費用総額の推移

出所）財務省主計局［2014］「社会保障①（総論，医療・介護，子育て支援）」。

高齢化，すなわち介護費用の増加が見込まれるため，市場は少なくとも今後数十年間にわたり，国際的に急拡大することが見込まれる。

　しかも，介護は現在，極めて労働集約的な分野で，産業として生産性向上の伸びしろが大きい。高齢者の移動，食事，入浴，排泄等の日常生活行為の補助や生活支援は，一部の例外を除きケア・ワーカーの手によって行われており，ここ数十年間ほとんど変化がない。すなわち，介護サービスの生産性には伸びしろが大いにあるのである。ここに，ケア・ニーズに則した，生産性を高める福祉器具や生活支援ロボット等の産業を創出すれば，公的介護支出を補う経済成長（すなわち，税収増）を確保できる可能性がある。例えば，現状，入浴介助のように，1人の被介護者に対してケア・ワーカーが数人がかりで対応しているような作業が，移動ロボットやクレーンを導入することによって1人のケア・ワーカーで対応できるようになれば，介護サービスの生産性があがる（介護労働1単位で提供できる介護サービスの量が増える）上，移動ロボットやクレーンの需要が生まれる。また，これまで数時間かかっていた被介護者一

人ひとりの血圧や体温等の健康状態把握が，健康モニターシステムによって，数十分でできるようになることで，介護の生産性があがるとともに，システム関連産業が振興される。資本主義下の経済学の原則では，富は最も生産性が高い生産者に集中するからである（Mankiw［2014］）。介護とは基本的に被介護者の日常生活行為をサポートするものであるので，こうした生産性向上の余地は身の回りのほとんどの行為の影に潜んでいて裾野が広い。

　もちろん，介護という，長年人の手で成されてきた「ヒューマン・サービス」の生産性を福祉器具やロボットの産業化を通じて高めるというアイデアに抵抗を感じる利用者もいるだろう。確かに，器具やロボットを利用した介護は，人の手による介護に比べて「ぬくもり」の点で劣るようにも思われる。

　しかし，介護をされる側は，そうした「ぬくもり」を求める人は実際にはそれほど多くない可能性が高い。図9-2は，厚生労働省が全国の男女4,465人から回答を得た，介護が必要になった場合の希望を本人と家族の希望に分けてそれぞれ割合を示したものである。自宅で家族あるいは家族と外部サービスの組み合わせによる介護を受けさせたいという考えは，家族の希望としては過半数を超える人の希望となっているが，被介護者本人でそれを望む人は3割に満たない。そして，被介護者本人のその他の回答も有料老人ホームやケア付き高級住宅の住み替えが多い等，家族が希望する以上に家族に頼らない「自立」を望んでいることがわかる。同様の結果は，大阪大学が行った「くらしの好みと満足度に関するアンケート2013年度版」にもみられる。同調査は無作為抽出した全国の20〜69歳の男女個人約4,300人から表中の質問に対する回答を得たが[1]，その結果が示したのは，子が想像するよりも，親はより手厚いであろう「子による介護」を望んでいないという実態であった（表9-1）。

　この結果を見る限り，介護サービスの生産性を高める福祉器具や関連

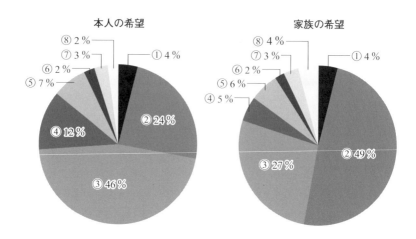

① 自宅で家族を中心に介護を受けたい（受けさせたい）
② 自宅で家族の介護と外部の介護サービスを組み合わせて介護を受けたい（受けさせたい）
③ 家族に依存せずに生活できるような介護サービスがあれば自宅で介護を受けたい（受けさせたい）
④ 有料老人ホームやケア付き高級住宅に住み替えて介護を受けたい（受けさせたい）
⑤ 特別養護老人ホームなどの施設で介護を受けたい（受けさせたい）
⑥ 医療機関に入院して介護を受けたい（受けさせたい）
⑦ その他
⑧ 無回答

図 9-2　介護が必要になった場合の希望

出所）厚生労働省［2010b］「介護保険制度に関する国民の皆さまからのご意見募集（結果）」。

ロボットの普及はさほど抵抗なく受け入れられていくのではないだろうか。介護サービスの生産性が上がれば，より少ない人員で多くの被介護者を受け入れることが可能になる他，モビリティのオートメーション化が進むこと等により，従来介助が必要だった高齢者の自立が進むことも考えられる。また，こうした福祉器具やロボットの産業振興は，経済を大きく活性化させ，介護保険体制の維持・発展の財源となる税収の増加

---

1) 同調査の回収率は 96.5％である。回収率が高い理由は，同調査がパネル調査であることによるが，該当する質問は 2013 年度版のみに含まれているため，ここでは 2013 年度版のみを用いる。

表 9-1 介護に対する考え方

	完全に反対	どちらかというと反対	どちらとも言えない	どちらかというと賛成	完全に賛成	結果（平均）	回答者数
親に介護が必要になったら，子どもが親を介護するのは当然だ	1	2	3	4	5	3.59	4,327
子どもがいたら，自分の子どもに介護をしてもらうのが理想だ	1	2	3	4	5	3.15	4,327

に繋がることが期待できる。繰り返しになるが，この産業の振興にケア・ワーカーの潜在的ケア・ニーズを汲み取る力が大いに役立つ。高齢者にベストなケアを提供することで，むしろ公的介護制度の持続可能性を高める好循環が生まれるのである。

1　経済成長の源泉になる介護

　日本政府，特に経済産業省（以下，経産省）は，潜在的なケア・ニーズを汲み取るというケア・ワーカーの技術を活用した，成長戦略を描いている。具体的には，日本政府はケア・ワーカーと共同作業する福祉用具・生活支援ロボットの推進に力を入れている。生活支援ロボットとは，介護サービス，家事，そして安心・安全な日常生活を手助けするロボットのことである（産業技術総合研究所［2007］）。この取り組みは，介護保険法が施行された翌年の2001年に経産省が発表した「21世紀ロボットチャレンジプログラム」から始まった。これ以降，十分な訓練を受けた日本のケア・ワーカーの経験は，生活支援ロボットの研究開発で大いに活用されている。まず，ロボット・メーカー，ロボット・ユーザー（ケ

[組織]

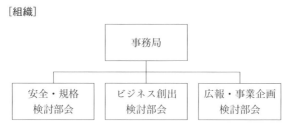

会員数(2015年3月現在):普通会員(トヨタ自動車,東芝,本田技研等)51社,準会員(清水建設,移動ロボット研究所等)13社,学術会員(大学)86研究室,学術会員(大学以外)11機関,特別会員(自治体,NPO,ベンチャーキャピタル等)59機関
会長:石川達也(トヨタ自動車常務理事)
オブザーバー:経産省,内閣府,総務省,厚生労働省,国土交通省

図9-3 ロボットビジネス推進協議会

出所)経済産業省[2010],ロボットビジネス推進協議会[2015]。

ア・ワーカーや被介護者),大学,地方自治体,シンクタンク,保険会社,ベンチャー企業,そしてリース会社が集まり,ロボットビジネス推進協議会という共同組織を発足させた。同協議会は会員に対し,ビジネス・マッチングなど分野を超えた様々な機会を提供している(図9-3)。さらに,政府所管の新エネルギー・産業技術総合開発機構(NEDO)は,倫理・安全性ガイドラインの確立を支援している(NEDO[2008])。産業技術総合研究所(AIST)は,ロボット・メーカーや大学と共同で,介護特区であるつくば市で研究を実施しており,また多くの関係者,特に大学は,キャンパスでそれらのケア・ワーカー研修訓練機能を利用している。前掲図8-2のルート2のように,一部の大学はケア・ワーカーの養成課程を設けている。介護ニーズの高まりを受け,現在179の大学がそうした課程をキャンパス内に設けている(表9-2)。そうした養成所の教職員はケア・ワーカーの資格および経験を持つ者[2]も多いため,これら

---

2) あるいはケア・ワーカーと近い関係にある者。

表 9-2 介護福祉士／社会福祉士養成所を持つ日本の大学

地域	介護福祉士／社会福祉士養成所を持つ大学の数
北海道	8
東北	13
関東	55
甲信越	6
北陸	2
東海	21
近畿	34
中国	16
四国	6
九州	16
沖縄	2
合計	179

出所）福祉医療機構［2010a］。

の大学の研究者にとっては詳しい介護ニーズを研究に利用できるという大きなメリットがある。さらに，政府は2009年に経産省の活動をバックアップする行動計画を打ち立てた（表9-3）。

こうした取り組みにより，多くの生活支援ロボットが実際に使用されるようになった。長年の研究開発の結果，いくつかの人気商品が出始め，海外への輸出が始められたものもある。そうした成功を受け，多くの企業が生活支援ロボットの開発に対する投資を進めている。

主だったひとつの事例は，筑波大学の山海嘉之教授を中心に開発されたロボットスーツHALである。ロボットスーツHALは，装着者の動きを補助する機能を持つ。皮膚に取り付けた生体電気センサーが脳から送られる信号を読み取り，ロボットスーツをコントロールする（Sankai［2006］）。このスーツを用いることで被介護者の身体能力が高められ，ケア・ワーカーは容易に被介護者を抱え上げることが可能となる。HALは実際に日本の病院や介護施設で導入されており，HALを装着す

表 9-3　日本政府による生活支援ロボット推進のための行動計画

2009 年～	経産省による生活支援ロボット・プロジェクト（16 億円）
2010～11 年	導入期間 　安全性確認（経産省） 　リスク評価（経産省） 　介護施設での試験使用（経産省，厚生労働省） 　ロボット導入に向けた LTCI システム・メンテナンス（厚生労働省） 　特区（つくば市など）での試験使用
2012～13 年	初期導入 　介護ロボット（パワースーツなど）の試験使用（経産省，厚生労働省） 　健常者を対象としたパワースーツの試験使用（経産省） 　モビリティ・ロボットの計画（関連省庁）
2014 年～	B2B（企業間取引）市場を通じた本格導入 　ロボット使用促進政策（導入促進政策）の実施（厚生労働省） 　ロボット評価機関の設置（経産省） 　ロボット使用に向けた電気通信システムの導入（総務省）

出所）経済産業省［2010］。

ることで階段を上がれるようになった体の不自由な高齢者の事例等も紹介されている。

　もうひとつの事例は，AIST によって開発されたセラピー用ロボット「パロ」である。パロは，人間の呼びかけに反応し，世話をすることで性格が形成されていくことから，ふれあう相手に対して心理的に良い効果をもたらす。AIST［2006］と Wada et al.［2008］によると，認知障害のある高齢患者の脳波を測定・分析した結果，パロとふれあうことで脳機能が改善された。したがって，パロを用いたロボットセラピーは認知障害を予防する可能性がある。また，パロの使用は介護の質も高める可能性がある。つまり，パロを使用することで，人道的なケアの提供を行うことが可能となる。AIST 主任研究員の柴田崇徳によると，特に症状の重い認知症の高齢者がいらいらしたり暴力をふるったりし，落ち着かせることができない場合，従来薬品を用いて対処していたが，パロとふ

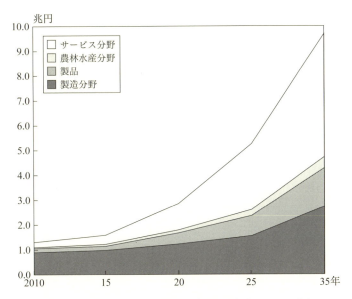

図 9-4 日本のロボット産業の市場予測（2010～35 年）

出所）経済産業省［2010］。

れあわせることにより，多くはすぐに落ち着きを取り戻す効果が見られる。確かに，パロの効果は 100％ではないが，パロの使用には副作用が特にないことが利点である（Diginfonews ［2010a］）。日本では，2010 年で 1,300 体のパロが既に発売され，その販売先は海外に拡大されている。デンマークやその他の欧州諸国の介護施設がパロを導入し始めている。パロは米国でも食品医薬品局（FDA）により医療機器として認可された（Diginfonews ［2010a］）。

　これらを背景に，経産省は 2010 年に日本のロボット産業の今後の成長がサービス分野に大きく依存することが予測されると発表した（図 9-4）。生活支援ロボットは，近い将来，サービス分野の中核部門となる。それどころか，生活支援に関係すると思われる分野のロボット市場は，2035 年までに 9 兆 7,000 億円規模の日本のロボット産業の約 20％を占

表 9-4　日本のロボット産業の市場予測（詳細，2015～35 年）

分類			市場規模推計（単位：10 億円）				計算
大分類	中分類	小分類	2015 年	2020 年	2025 年	2035 年	
製造分野	従来型産業用ロボット	—	936.5	1,052.4	1,092.6	1,102.7	パターン 2
	次世代型産業用ロボット	組立ロボット（自動車用）	32.4	99.2	239.3	798.8	パターン 4
		ロボットセル（電気機械用）	32.9	104.8	248.8	827.9	パターン 4
ロボテク(RT)製品	RT 家電／住宅設備	—	92.8	285.9	488.0	557.9	パターン 5
	RT 自動車	—	50.9	103.3	208.3	737.0	パターン 5
	RT 船舶	—	15.9	28.1	44.4	72.9	パターン 5
	RT 鉄道	—	2.5	4.6	7.4	12.8	パターン 5
	RT 建機	—	14.9	29.8	57.6	175.0	パターン 5
農林水産分野	農業	土地利用型農業	1.1	2.3	7.3	27.6	パターン 5
		路地・施設栽培	0.9	3.9	15.0	92.7	パターン 4
		酪農・畜産	10.2	29.4	49.8	58.8	パターン 3
		農業物流	27.3	60.3	81.2	85.8	パターン 3
	林業	—	1.7	8.4	30.4	87.2	パターン 4
	漁業・水産養殖業	—	5.4	16.8	41.7	114.2	パターン 4
サービス分野	医療	手術支援	4.3	13.6	31.7	53.4	パターン 3
		調剤支援	6.5	21.0	38.3	41.4	パターン 3
	介護・福祉	自立支援	13.4	39.7	82.5	220.6	パターン 4
		介護支援	3.3	14.6	41.4	183.7	パターン 4
	健康管理	フィットネス	137.6	146.1	157.6	181.7	パターン 3
		健康モニタリング	5.4	16.1	44.0	148.0	パターン 3
	清掃	—	2.2	12.7	54.1	428.7	パターン 3
	警備	機械警備	21.0	61.0	124.9	268.9	パターン 5
		施設警備	1.7	21.0	70.3	163.2	パターン 4
	受付・案内	—	0.2	0.9	3.9	46.5	パターン 3
	荷物搬送	—	0.7	3.0	13.2	81.1	パターン 3
	輸送（業務用）	—	5	116.2	619.0	675.9	パターン 3
	重作業支援	—	1.5	4.3	12.0	229.9	パターン 3
	食品産業	食品ハンドリング	17.9	67.5	143.2	164.0	パターン 3
		食品加工	8.1	30.5	79.3	174.3	パターン 3
	物流	パレタイザ／デパレタイザ	21.2	41.0	86.5	152.3	パターン 2

分類			市場規模推計（単位：10 億円）				計算
大分類	中分類	小分類	2015 年	2020 年	2025 年	2035 年	
	検査・メンテナンス	住宅	4.6	9.8	15.7	21.3	パターン 1
		社会インフラ	21.6	103.8	218.8	180.5	パターン 4
	教育	—	11.9	24.3	36.1	45.0	パターン 1
	アミューズメント	—	21.1	35.7	57.6	122.2	パターン 1
	レスキュー	—	0.8	6.0	29.1	67.0	パターン 1
	探査	—	1.7	7.3	25.7	81.1	パターン 3
	輸送（家庭用）	—	**2.1**	**49.8**	**265.3**	**289.7**	パターン 3
	ホビー	—	22.3	71.6	1498.5	215.7	パターン 1
	家事支援	—	—	—	**15.7**	**85.8**	パターン 3
	見守り・コミュニケーション	—	**0.3**	**1.1**	**3.6**	**34.1**	パターン 3
ロボット産業合計			1,599.0	2,853.3	5,258.0	9,708.0	
生活支援に関連すると思われるロボット（太字）が合計に占める割合			31.7 (2%)	250.2 (8.8%)	1,109.9 (21%)	1,980.7 (20%)	

注）太字は生活支援ロボットを示す。元資料は数字が億単位で示されていたが，本表では 10 億単位とした。方法：推計は各分類のこれまでの市場における採用数，家庭での採用率，交換サイクル，およびアナゴジック製品（価格および使用の点で）によって形成されたロジスティック曲線モデルによる算出している。パターン 1：既存の推計データの推計。パターン 2：既存の市場業績に基づく推計。パターン 3：アナゴジック・ロボットのモデル曲線に基づく推計。パターン 4：市場ニーズに基づく推計。パターン 5：アナゴジック RT 製品のモデル曲線に基づく推計。生活支援に関連すると思われるロボットについては筆者選定。

出所）経済産業省［2010］。

めるまでになると推計される（表 9-4）。

　こうした市場予測は様々な民間調査にも裏付けられている。機械振興協会経済研究所［2008］によると，生活支援ロボットの市場は 2030 年までに 1 兆 4,534 億円（業務用：9,012 億円，家庭用：5,522 億円）に拡大する可能性がある。また，矢野経済研究所［2013］はそれよりは控えめながらも，ロボットの市場は 2015 年から本格化し，2020 年には介護ロボットだけで 349 億 8,000 万円の規模に拡大すると予測している。さらに，シード・プランニング［2014］は，介護の現場で主に用いられるパワードスーツの市場が 2024 年には 1,000 億円を突破すると見込んで

いる。

　しかも，この中の最も楽観的な市場拡大の予測でさえも，実際はいまだ過小評価である可能性がある。ひとつの要因は，人工知能の進歩の加速である。Frey and Osborne［2013］は，人工知能の進歩により，今後10〜20年で人間の行う仕事の約半分が機械に奪われる可能性があると主張する。この予測が正しければ，現在生産性を向上させる取り組みが比較的進んでいない介護や生活支援の現場でも，先進国で人口高齢化による高いニーズがあるだけに，機械化のトレンドが現在考えられている以上に波及する可能性が高い。特に日本は世界の産業用ロボット生産の約3割を占める（経済産業省［2013］）等，人工知能やロボット技術に優位性があるため，市場が現在発表されている予想を大幅に上回るペースで拡大する可能性は十分にある。

　また，もうひとつの要因は，介護の法整備が市場の拡大を後押しする可能性である。現在，世界規模でケア・ワーカーの労働環境の改善を求める声が高まっている。第7章で紹介したように，ケア・ワーカーは全業種の中でも最も怪我による労災率が高いとする米国の調査結果もあり，多くの国が法整備を進めている。例えば，オーストラリアでは，被介護者の移動支援作業で腰を痛めるケア・ワーカーが多いことから，2008年のオーストラリア看護協会の「ノー・リフティング・ポリシー」を契機[3]にケア・ワーカーが非介護者を抱え上げる行為を禁止し，移動クレーン・ロボットの使用を義務付けている。実際，ビクトリア州厚生労働省のビクトリア看護腰痛防止プロジェクト（The Victorian Nurses Back Injury Prevention Project）によれば，ノー・リフト・プログラムにより，負傷件数が48％減少し，負傷による金銭的損失は74％減り，さらに労働者の苦情処理費用が54％削減できたとしている。公益財団法人テク

---

[3] ただし，ビクトリア州はこれに先駆け，労働安全衛生管理システムによりノー・リフティング・ポリシーを1998年より定めていた。

ノエイド協会［2012］の推計によれば，同国のビクトリア州が高齢者ケア関連に提供する年間資金約9.3億円のうち，リフトなどの機器の購入資金は実にその20％以上の約2億円を占める。こうした，ケア・ワーカーの労働環境を改善する動きが広がれば，日本でも一部の介護施設で普及されているケア・ワーカーを補助するロボットの普及が世界規模で飛躍的に進む可能性は極めて高い。

2　産業振興策の財源

　介護市場モデルの持続可能性を担保する産業政策には政府の財政的なサポートが必要である。前節では産業振興のための仕組みを概観したが，やはり把握したケア・ニーズへの対応を産業化するには補助金や規制改革等の産業振興の後押しは欠かせない。先進国が揃って少子高齢化に進む中，需要の急増が見込まれる介護分野で，その生産性を高める産業の振興に活路を見出そうとしている国は日本だけではない。まして，そのなかには米国，ドイツ，スイス，韓国はじめロボットやモビリティ等の分野に優位性を持つ国々も含まれている。介護関連産業を成長させるには，ケア・ワーカーの治験を活かした福祉器具やロボットの研究開発，実証実験，普及促進等のサポートを実施して，前述のような産業の生産性向上を促進することが急務であり，これらのライバルに先行して市場での優位性を確保するためには莫大な投資が必要となる。

　しかし，一般的には介護が成長産業分野だという認識は比較的共有されているものの，政府の財政的支援に対しては慎重な議論が続いている。すなわち，政府の財政問題である。

　確かに，日本の国債発行残高は2015年3月末の速報値で約883兆円にのぼっており，対GDPで200％近い額となっている（日本銀行

［2015］）。これをもってして，日本政府は財政危機状態にある，そして，増え続ける社会保障関連費を尻目に，介護関連産業成長のために公共支出をこれ以上増やすのは難しいという議論は一見合理的で妥当に思える。

しかしながら，そもそも国債が自国通貨建てで，ユーロ圏等と異なり自国で通貨発行権を持っている日本のような国では，デフォルトは論理的に不可能で，政府の財政悪化のリスクは物価の上昇（インフレ化）に限られる。スティグリッツ［2012］も「『国家予算は家庭の予算に似ている』というのは神話にすぎない」とし，次のように述べている。不況で失業率が高い時には，国家が歳出を拡大して需要創出を後押しすれば，生産が拡大し，雇用が生まれる。その結果，GDP の増加額は，政府支出額の数倍になり，税収も増える。財政赤字を心配する必要はないし，すべきでもない。

また，現在の日本は金融政策にもかかわらず物価がほとんど上昇しない，国債発行による公共投資拡大に対する特異で理想的な環境にある。まず，日本の政策金利は長年ゼロに近い超低金利で運用されてきたにもかかわらず物価の上昇が見られなかった。本来，企業の目的は利益を極大化することなので，「ゼロ金利」下では一斉にお金を借りて投資を行い，物価上昇を導くはずであるにもかかわらずである。次に，特に 2013 年の大規模金融緩和以降，日本銀行が物価上昇率 2％程度を目指して，マネタリーベースを大量に増やしたが物価の上昇はほとんど見られなかった。マネタリーベースの増大は通貨の希少性を毀損するので，企業も家計も本来は貯蓄をやめて購買・投資の行動を取り，物価は上昇するはずであるのにである。さらに，政府が現在の対 GDP200％程度まで国債残高を積み上げてきているにもかかわらず，多くの経済学者やアナリストが発する金利上昇の懸念に反して国債の金利が下がり続け，一向に上昇していない（図 9-5）。

この環境が生じている要因には，既存の経済学が前提とするインフレ

図 9-5 新規発行 10 年国債利回り（過去 10 年分）

注）月末終値。
出所）日本相互証券株式会社［2015］。

と異なる，経済のデフレ化が背景にある。この現象は「数十年に一度程度」（Koo［2009］）と滅多に起こらないが，経済のバブルが崩壊した後に特徴的に現れる。すなわち，バブル期の借り入れによる投資により多額の負債を負った企業や家計が，「羮に懲りて膾を吹き」，過度に借り入れを恐れるようになるのである。もちろん，ミクロな視点で各家計や企業を見た場合，借り入れをしないという選択は必ずしも悪いことではない。借金はしない方がよいという考え方もある。しかし，それを極めて多くの経済主体が一斉に実践した場合，経済全体に与えるダメージは計り知れない。所謂「合成の誤謬」である。これにより，政府が政策金利をいくら下げても「膾を吹いている」家計や企業はお金を借りず，マネタリーベースを増やしてもほとんど効果がない。家計や企業はお金を借りない代わりに貯蓄に走り，銀行の逆ざや（銀行にとって預金は支払い金利の付く負債である）は一方的に増えていく。銀行としても，資金はあり余るほど豊富にあるが借り手がいないので，仕方なく国債の購入を選

択する。これが一斉に行われるので国債の金利はどんどん下がっていく。このデフレ化のメカニズムについては合成の誤謬の箇所までを Fisher［1933］やそれ以降を含む全体を Koo［2009］［2015］がそれぞれ「負債デフレーション」，「バランスシート不況」として明らかにしている。

　では，国債および国庫短期証券の金利が今後上昇する可能性はないのだろうか。答えはもちろん「ある」が，さほど問題とならないだろう。先に述べたように，国債の金利が，大量の残高積み上げにもかかわらず下がっているのは経済がデフレ化しているからである。日本の国債および国庫短期証券の保有者の 95％程度が国内の機関や個人であるが，それらは他に資金の貸し出してがないために「仕方なく」日本国債を買っているのが現状である。日本経済が，デフレ基調を抜け出せば，すなわち，民需が回復し，民間に資金の貸り手が増えれば，国債を買い入れていた機関や個人は国債の買い入れを控え，より利率の高い民間への貸出に資金を回すだろう。そうすれば，間違いなく国債の金利は上昇する。しかし，その際，同時に民需の回復によって政府の税収も上がるため，政府が新規の国債発行に頼る割合は既に相当に減っていることになる。

　国債の新規発行による財政出動に対する根強い反対意見に対し，もう少し突き詰めて述べると，近年政府の財政は既に実質的に健全化している。図 9-6 と図 9-7 はそれぞれ 2011 年と 2015 年の国債の所有者別内訳を示している。見て分かる通り，国債発行残高こそこの間 755 兆円から 885 兆円に増加しているが，このうち日本銀行の保有する国債の割合が約 9％から 28％弱へと大幅に増加している。もちろん，日本銀行の国債保有割合の大幅な増加は，この間に金融緩和策（通貨の大量発行）のため，日本銀行が民間銀行等の保有する国債を買い上げたためである。ここで，重要なのは日本銀行が国債という名の負債を負う政府の 100％子会社であることだ。つまり，日本銀行が保有する資産である国債と政府の負債である国債は連結で相殺される。政府にとって 100％子会社の

第9章 介護政策モデルの持続可能性を担保する産業政策　205

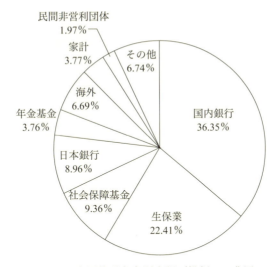

図9-6 日本国債所有者別内訳（総額755兆円，2011年3月時点）

出所）日本銀行［2015］。

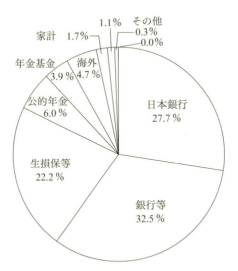

図9-7 日本国債所有者別内訳（速報，総額885兆円，2015年6月時点）

出所）日本銀行［2015］。

資産に計上した自らの負債は，子会社の当該資産と併せて，実質的には連結バランスシート上に存在しなくなる。したがって，返済の必要もない。2011 年からおよそ 130 兆円増えた国債発行残高も，返済不要分が約 68 兆から 245 兆円に増えた。すなわち，国債発行残高の増加を約 47 兆円分も上回るペースで日本政府の財政は実質的に健全化しているのである。日本銀行がこのペースで通貨の大量発行を続けると，今後わずか数年で市中にある国債をあらかた買い尽くし，政府の財政健全化は実質的に達成される。そうなれば，早晩政府は金融緩和から財政出動を伴う国債発行の増額へと舵を切らざるを得なくなるだろう。もちろん，この間に経済がインフレ化に転じれば，通貨の大量発行の継続も国債発行の増額も難しくなるかもしれない。しかし，その場合はそもそも税収増による財政健全化となる上，民間の投資が活発化しているので，今度は政府がそれほど巨額の投資をしなくとも介護関連産業は豊富な民間資金を得て振興される可能性が出てくる。いずれにしても，政府は，少なくとも現状のデフレ基調の環境下では，成長がほぼ確実に見込まれる産業への巨額の財政出動をためらうべきではない。

　正しい政策を実行すれば，日本の介護市場の見通しは極めて明るい。介護市場モデルはこれまで見てきたように，一部ではあるが，市場で機能している。まず，介護市場モデルの要件を満たす分野を増やす。そして，第一線のケア・ワーカーの十分な訓練を維持・発展させ，彼らの知見を活かした福祉器具やロボットの研究開発，実証実験，普及促進等の公共投資による介護関連産業を振興する。これにより，高齢者へのベストなケアの提供を目指すことが，介護市場モデルの持続可能性に繋がるという美しい循環が生まれる。繰り返しになるが，介護市場は日本を含むほぼすべての先進国および多くの東アジア諸国で，今後少なくとも数十年にわたって成長を続けることが，多くの市場予測が示すようにほぼ確実である。人口高齢化のスピードで世界の先頭を行く日本が，その市

場モデルと相まって介護関連産業でも世界をリードすることは十分に可能である。

3　日本の介護市場の課題

　全体的には見通しの明るい日本の介護市場だが，もちろん課題もある。まず，第一の課題は，ケア品質をサービス供給者が恒常的に改善する仕組みである介護市場モデル適用の徹底である。これまで，第4章で検証したように，グループホーム市場では，強制的な外部評価制度があるために，利用者がケア品質をもとにホームを選定できる前提が整っていた。しかしながら，それ以外の市場では，強制的な介護サービス情報公開制度や任意の第三者評価制度はあるものの，サービス品質に関する比較可能な情報はなく，介護市場モデルの4番目の条件である情報公開が必ずしも整っていなかった。介護サービス情報公開制度により積極的に介護品質に関わる項目を盛り込むか，第三者評価を強制的にするか，またはグループホームのような外部評価制度を他の市場にも適用するか，いずれかの取り組みが求められることになる。もちろん，この評価制度は施設介護のみならず，訪問介護にも別の指標を設けて適用すべきだろう。また，評価項目についても，設定を都道府県に委託するのではなく，最低限の項目は全国で統一し，比較可能にすることを検討してもよい。確かに，ほとんどの都道府県は厚生労働省が例示する評価項目をほぼそのまま使用しているが，東京都のようにまったく独自の評価項目を策定しているところもある。介護保険制度では，基本的に居住地の自治体内でのサービスが保険対象になるため，利用者は都道府県をまたいでの事業者の比較をそれほど頻繁に行わないであろうが，地域ごとの比較可能性とナショナル・ミニマムの意義，そして介護市場モデルで考察したサー

ビスの標準化の重要性の見地から，もう少し国のコミットメントを大きくすることも検討してもよいだろう。さらに，評価結果の定量性についても，結果の分析のしやすさの観点から考慮するべきである。第4章で用いた外部評価の結果は，極めて定量的で事業者の比較や結果の変化が比較しやすい構造になっていた。しかし，その後の評価方法の変更で，現在の外部評価は事業者のやや主観的要素を含んだ自己評価と，外部評価者による極めて定性的な評価コメントで構成されている。この変更の利点は事業運営者がまるでコンサルティングを受けるかのように外部評価者からのコメントを助言として役立てやすくなっていることだと考えられる。しかし，それらのコメントは利点の裏返しとして評価者個人の主観が入る余地が少なくない。事業者ごとのサービスの質を比較したい利用希望者や第三者（研究者含む）にとってはやや使い難い変更になっている。市場の介護サービスの質を持続的に改善するためには，事業者の比較可能性は不可欠な要素だけに，評価項目の客観性の担保については改善が望まれる。

　次に，介護サービスの標準化とも関わるが，利用者の介護認定の客観性の一層の確保である。荒見［2014］によれば介護認定の応答性には，特に認定調査員の行政との関わりが影響している。現在，日本の介護施設は極めて稼働率が高く，介護を受けたくても受入先がない場合が多い。その場合，介護認定には，受入先の空き状況へのアクセスやその他行政的要素が影響し得る。すなわち，本来，利用希望者の心身の状態の評価によって認定される要介護度が，ある種政治的な要因による影響を受けているのである。これは，必要な人に必要なサービスを提供する，介護サービスの標準化の原則からみて改善しなければならない。これを解決するには，認定調査員等への指導の徹底はもちろんであるが，それだけでは介護事業所の切迫した稼働率の根本的な解決には至らない。そこで，近年段階的に引き下げられる傾向にある介護報酬を逆に引き上げ，介護

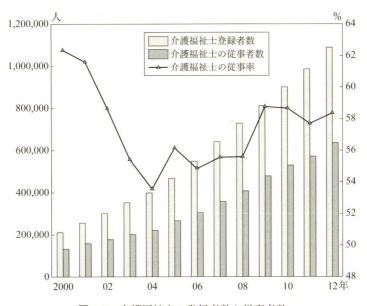

図 9-8 介護福祉士の登録者数と従事者数

出所）厚生労働省［2014］。

事業の新規参入を促すことが重要である。これにより，介護事業者の過度に高まった稼働率が改善され，介護認定が本来のニーズに応じた認定へと回帰することが期待できる。

　最後に，ケア・ワーカーの人手不足の解消である。近年，ケア・ワーカーの不足が叫ばれ，政府はそのために国内では需要を賄えないとして，インドネシアやフィリピンをはじめとした諸外国からの外国人ケア・ワーカーの積極的な受入を表明している。しかし，この政策は 2 つの点で間違っている。第一に，現状で不足しているのは「現場で働く人」であって，「現場で働く能力のある人」ではない。図 9-8 が示すように，例えば介護福祉士の登録数は右肩上がりだが，実際に介護福祉士として現場で働いている人はその約 6 割に満たない。すなわち，現場で働く能力があるにもかかわらず，現場で働いていない人が 4 割以上もいるのであ

る。花岡［2011］によれば，介護労働者の離職の大きな要因は賃金である。したがって，昨今の介護報酬の段階的な引き下げ傾向が，「働く能力があるにもかかわらず働いていない人材」を増やしている可能性が高い。逆に言えば，介護報酬を引き上げれば，彼らの多くは現場に戻ってくると考えられる。外国からケア・ワーカーを呼び寄せて，日本語や日本の資格試験を一から勉強してもらうコストを考えれば，すでに働ける能力を有する国内の人材を現場に呼び戻すほうがはるかに合理的である。第二に，第一線のケア・ワーカーが現場で得た知識は第8章で述べた介護サービスにおける指導的な役割や本章で議論した介護関連産業の振興に欠かせない基調資産となる。せっかくこの資産を保有しても，将来的に自国に帰国してしまう可能性の高い外国人ケア・ワーカーに比べ，国内の人材は国内でその資産を活かす選択をする可能性が高いので，長期的にケア・ワーカーの持つ経験を活用する視点からも国内人材を重用する利点が大きい。したがって，政府は介護報酬をむしろ引き上げて，資格休業者を含む有能な人材を介護産業に惹きつける政策に転換すべきである。なお，このための財源についての議論は前節で述べた通りである。

おわりに

　本章では，介護政策モデルの持続可能性を担保する産業政策について論じた。まず，社会負担の増大として捉えられがちな介護需要の伸長が，生産性の向上によってカバーできる部分が大きいことを示した。次に，生産性の向上には，日本のケア・ワーカーの特性である，介護の隠れたニーズを把握する能力の高さと，日本に既にあるロボット技術の高さがうまくシナジーを生み出すこと，そして，こうした産業政策が介護政策モデルの持続性を担保し得る規模に発展し得ることを明らかにした。こ

うした，介護政策モデルの持続可能性を担保する産業政策の実現には，介護報酬の引き上げにより長期にわたって介護の現場により優秀な人材を確保するとともに，介護関連産業の研究開発等にも，まずは政府が積極的な投資をすることが重要である。

終　章

日本発の「介護市場の経済学」として

　本書では，政策目標が曖昧で供給者の裁量が大きいヒューマン・サービスの2つの特徴に対応する介護供給の仕組みを検討してきた。本研究は，ニーズの多様化と介護需要の急増によりケアの供給が競争市場にゆだねられるようになった現状で，政府がどのようにこれら2つの特徴に対処し，市民のために最低限の水準以上のヒューマン・サービスを保証できるかについて分析した。

　序章では，今日の政府にはヒューマン・サービスを直接提供する対応力がないため，ヒューマン・サービスの供給における市場の活用が不可欠な傾向であるという証拠が多くの研究者によって示されていることを述べた。しかし，別の一連の研究は，市場競争では利益を最大化するために質を犠牲にする供給者が出てくることから，市場の活用そのものが，長く続いてきた低水準サービスの問題の原因となると主張していることを紹介した。

　第1章では，競争市場を通じたヒューマン・サービスの供給に関する歴史の調査と理論的研究を行うことにより，本書の指針となる2つの研究課題を明らかにした。また，政府が責任を持ってヒューマン・サービス供給を確保しなければならない理由を概観し，次にヒューマン・サービスの起源をたどりながら，ヒューマン・サービス供給に対する政府の

コミットメントの変遷を調査した。調査結果には，今日の民主主義制度が，ヒューマン・サービス供給を通じた「一定の生活水準の保証」を政府に求めているという結論が含まれた。さらに，ヒューマン・サービスが競争市場を通じてどのように供給され，政府がその中でどのように「質」を確保しようとしてきたかを調査した。その分析では，需要が拡大する介護の例を媒体とした。

これまでの論点は主として次の2点である。すなわち，①市場の競争を介護の質の競争へと向ける介護市場モデル，そして②供給者の介護の質を評価・規制する業績評価である。そこを出発点として，本書では前者を第I部で，後者を第II部で論じた。再度，そこでの問いをかかげると以下の通りである。

1. 政府はサービスの質を確保するためにヒューマン・サービス市場をどのように設計すべきか？
2. 政府は業績指標をどのように設定すべきか？

以下，本書の結論を要約する。

1　ヒューマン・サービス市場の設計

本書の第I部では，介護市場モデルと呼ばれる新たな市場モデルを提示し，検証した。介護市場モデルは，市場が低質なケアを受け入れることを許す既存の介護モデルの欠点を克服することを目指している。その目標に向けて，介護市場モデルは，介護の質が唯一の市場競争の要因となる理論的な市場設計を提示している。つまり，政府は理想のケア市場モデルを導入することにより，市場競争を介護の質向上に仕向けることができ，低質なサービスが市場から自動的に取り除かれる。

介護市場モデルは4つの条件を必要とする。すなわち，①介護サービ

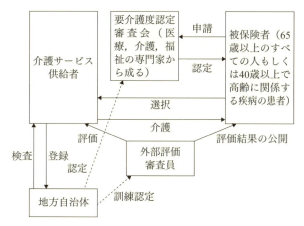

図終-1 介護市場モデル全体イメージ

スのユニバーサル給付，②被介護者の状態ごとに標準化された介護サービス，③価格不競争，および④介護品質情報の公表である。

　介護市場モデルの導入は，図終-1のようなイメージとなる。第一に，サービスがユニバーサル給付され，要介護テストを申請することで対象者にサービスを受ける資格が付与される。第二に，ケアの内容が被介護者の状態によって標準化されるため，公的機関が利用者のケア・ニーズを調査し，サービスを受ける資格やサービスのレベルに関する判定は個人の状態とケア・ニーズに基づいて行われる。第三に，ケア・ニーズの分類を受け，利用者が供給者を選択する。市場に価格競争がないため，利用者はサービスの質のみに基づいて供給者を選択できる。しかし，ヒューマン・サービス市場には利用者と供給者の間に情報の非対称性が存在することから，公的機関が供給者の介護品質情報を公表する必要がある。

1）介護市場モデルは実装可能である

　本書は，介護市場モデルが実装可能であることを証明した。OECD諸

国の介護市場を調査した結果，日本の介護保険市場が4つの条件すべてを満たすことが判明した。日本に加え，オーストリア，ドイツ，ルクセンブルグ，オランダ，ノルウェー，スウェーデン，そして韓国が，ユニバーサル給付の条件を満たしている。さらに，ドイツ，ルクセンブルグ，韓国は，被介護者の状態ごとに標準化された介護サービスという条件もクリアしている。しかし，価格不競争という第3の条件を満たしている国は日本のみである。

介護市場モデルの実装可能性が裏付けられたことは，医療経済学の分野における介護モデルの研究にプラスの影響を与える可能性がある。長い間，この分野におけるヒューマン・サービスの介護モデルは，主に米国での経験や研究によって開発されてきた。研究された介護モデルは，ほぼすべて低所得者のみへの給付制度を前提にしていた。介護市場モデルは，介護の需要が最も高い国である日本の経験とユニバーサル給付システムに基づいた介護のモデルを構築する新しい試みである。

本書では，このモデルに関する今後の研究課題が2つ特定された。ひとつ目の課題は，日本以外の国に対するモデルの実装可能性についてである。先述の通り，一部の国は介護市場モデルの条件のうち2つ（不競争と供給者の介護品質情報の公表）が欠けている。例えば，ドイツの場合，介護品質情報の公表に加え，価格不競争の条件を満たしていない。これは，被介護者がサービスの現物支給ではなく現金支給を選択することが可能なためである（Naegele［2009］）。つまり，ドイツの介護市場では，被介護者が介護供給者を消費財として比較することもできるのである。こうした環境では，明らかに介護市場モデルによって市場競争を適切に介護の質向上に仕向けることはできない。しかし，そうした条件の欠如がどのように同モデルの有効性に影響を及ぼし，モデルの一部条件のみが満たされていない環境を克服するために介護市場モデルをどのように修正できるかは，検討に値するトピックである。2つ目の研究課題は，

その他のヒューマン・サービス分野への適用可能性に関するものである。介護市場モデルはヒューマン・サービス供給者の裁量が大きいことに適応するようデザインされているため，理論上はあらゆるヒューマン・サービス分野に適応するはずである。とはいえ，各ヒューマン・サービスは実証的に異なる。研究はチャイルド・ケアやホームレスのケアといったその他の分野を分析することで，介護市場モデルの実装可能性をさらに広げることができる。

2）介護市場モデルは有効である

本書は，介護市場モデルが有効であることを裏付けた。利用者が介護の質に基づいて供給者を選択するという仮定は，介護市場の情報非対称性モデルと矛盾するが，日本の介護保険市場におけるグループホーム供給者のケースを分析した結果，本書はこれらの検証モデルがいずれも完全には成り立たないことを証明した。さらに，政府（または公的機関）が供給者の介護品質情報を公表する場合，市場競争が激しいほど提供されるサービスの質が高まる可能性が高いことが明らかになった。

この発見は，①契約の失敗モデル，②MARモデル，および③佐竹・鈴木モデルという介護関連市場の情報非対称性モデルの先行研究に対する新たな実証的インプリケーションをもたらした。第一に，契約の失敗モデルでは，被介護者は供給者が「非営利団体」であることををよいサービスの目安としてとらえるとしているが，本書は利用者が供給者の介護品質情報にアクセスできる場合，非営利団体と営利団体の全体的なサービスの質に有意な差はないことを証明した。さらに，非営利団体による介護サービスはケアの提供において優れている傾向があるのに対し，営利団体は被介護者の家族とのインタラクションに優れている傾向があることを説明した。しかし，全体的なサービスの質に有意な差は認められない。これは，どのような観点に立つかによって，非営利団体と営利

団体のサービスの質が異なって見える可能性があることを示唆している。第二に，MAR モデルには懸念があるにもかかわらず，介護市場モデルは市場競争を供給者のサービスの質向上に仕向けることができることが明らかになった。実際のところ，いずれの地域でも供給者のサービスの質が年ごとに向上しているものの，競争の激しい地域の供給者のサービスの質は，競争が少ない地域（通常は郊外）の供給者より有意に高かった。第三に，佐竹・鈴木は，新規参入者は市場のサービスの質を低下させると主張しているが，本書では佐竹・鈴木モデルの影響が極めて限定的であることが明らかになった。確かに，新規参入者の初年度におけるサービスの質が既存供給者より有意に低いという点で，同モデルの主張は一部裏付けられた。しかし，翌年度には新規参入者の方が既存供給者より大幅にサービスの質が向上したことも明らかになった。この所見は，初年度における新規参入者のパフォーマンスの低さが利用者と供給者の間にある情報の非対称性によるものではなく，介護供給における経験不足によるものであることを示唆している。初年度の新規参入者は特にマネジメントに関する指標で既存供給者より劣っていることから（詳細は第 4 章），本書は経験を要するのはケアの提供より供給者のマネジメントであることを主張する。

　これらの所見のさらなる研究には，その他のヒューマン・サービス市場に対する本モデルの応用を含めるべきである。今回の所見は，日本のグループホーム市場の分析に基づいていた。日本のグループホーム市場は，認知症を抱える被介護者の割合が高いことから，日本の介護市場の中でも供給者の介護の質が最も包括的に評価され，公表されている。したがって，次なるステップは，それほど厳格な評価が行われていない他の市場において，供給者の介護品質の点で利用者と供給者の情報格差を埋めるにはどうしたらよいかを検討することである。

3) 介護市場モデルは財政的に持続可能である

本書は，介護市場モデルが財務的に持続可能であることを示唆した。OECD諸国における介護のコストを分析した結果，ユニバーサル給付システムは家計調査に基づいて給付するミーンズ・テステッド給付システムに比べて必ずしもコストが高いわけではないことが明らかになった。また，価値財の理論と経済規模について考察した結果，ユニバーサル給付システムの費用対効率はユニバーサル給付を行う市場の収入格差の小ささに根ざしていることが明らかになった。これは，収入格差が小さいことがユニバーサル給付システムの条件であることを示唆している。

この発見は，政府がヒューマン・サービスをすべての人に供給すべきか，あるいは経済的弱者のみに供給すべきかを考察する基礎となる。Esping-Andersen［1990］がヒューマン・サービス（および社会福祉）の適用率によって国を分類してから（詳細については20頁を参照），研究者たちは国の哲学や政治の点で差を見出す傾向があった。例えば，北欧諸国は国民が一般的に自国政府を信頼していることから「社会民主主義型」であるのに対し，米国文化は個人主義的な側面が強いため，米国の福祉政策は「自由主義型」であるといった主張である[1]。こうした主張に反対はしないにしても，本書の所見はヒューマン・サービスの供給範囲の差に別の原因がある証拠を示している。その原因とは，政府は収入格差が小さい市場では供給の効率に基づいて供給範囲を選択し，サービスを容易に均一化して大量生産すること（つまり経済規模）が可能であるのに対し，収入格差が大きい市場では，サービスを均一化することが難しくなるため，政府は対象集団により重点を置かなければならない（つまり，低所得者のみへの給付制度の方が適切となる場合がある[2]）。

---

1) 実際，Esping-Andersen［1990］自身も国ごとの福祉に対する考え方の違いを歴史や政治文化の点で分析してきた。
2) 余談だが，このことは翻ってヘルスケア問題，例えばなぜ米国がユニバーサル医療保険制度の導入に苦労しているかに対する説明になるかもしれない。

この発見の欠点は，サービスが社会的に求められていると仮定していることである。第 2 章で述べたように，OECD 諸国では介護の需要が高く，この傾向は今後数十年間続くと予測されている。したがって，収入格差とヒューマン・サービスの供給範囲（低所得者のみへの給付かユニバーサル給付）の間に相関関係があるという所見は，このヒューマン・サービス分野では有効である。しかし，この所見は，他の一部ヒューマン・サービス分野には適用できない可能性がある。例えば，OECD 諸国におけるホームレス支援は，介護よりはるかに需要が少ない。そのため，収入格差の大小にかかわらず，政府がホームレス支援の供給にユニバーサル給付システムを適用する可能性は低い。したがって，今回の所見の一般化可能性を広げるために，今後の研究では，サービス供給に対してユニバーサル給付制度と低所得者のみへの給付制度のいずれを適用するかの決定に政府が必要とする需要レベルについてさらに調査する必要がある。

4）レバレッジを活かした介護サービスの質の改善

　低所得者のみへの給付制度を前提とした市場には介護市場モデルを適用できないため，本書ではこの種の市場に適用できる質向上のためのツールを提示した。このツールは他の評価指標に最もよい影響を与える介護品質評価指標を見つけ出す，指標のレバレッジを活かしたモデルである。供給者が各自のリソースをレバレッジの効いた指標の改善に集中させることで，関連する質の指標の向上を見込める。これにより，政府は給付制度の違いにかかわらず効率的にサービスの質を高めることができる可能性がある。

　本書は，介護市場モデルが実装可能で，有効で，そして持続可能であることを証明した。つまり，介護市場モデルは，政府によって承認され

た介護品質評価指標と共に，市場競争を持続的にサービスの質向上に仕向けることができる。残る課題は，供給者の介護の質をどのように測るかということであった。その答えは第II部で明らかにした。

2 プロセス型業績評価モデル——利用者ニーズの反映

　第I部では，政府が介護市場モデルを導入することによって，市場競争を介護の質向上に仕向けることができることを証明した。第II部では，「介護の質をどのように測定するか」という残されたもうひとつの課題について考察した。まずはじめに，既存のアウトカム型業績評価手法と新たなプロセス型業績評価手法を比較した。その結果，いずれの評価手法にも弱点があることが明らかになった。プロセス型業績評価手法は市場を活用する既存の公共政策モデルに適さず，アウトカム型業績評価手法はヒューマン・サービスの曖昧な政策目標と合致しない。しかし，プロセス型業績評価手法の弱点は補うことができるのに対し，アウトカム型業績評価手法の弱点はヒューマン・サービスにおける介護の質の点で致命的である。そこで，本書では，新たなプロセス型業績評価手法の方が優れているという立場から，市場を活用する既存の公共政策モデルをプロセス型業績評価手法用に修正した。

　その後，介護政策モデルの下でのプロセス型業績評価手法（プロセス型業績評価モデル）を提示し，検証した。プロセス型業績評価モデルは，利用者のニーズを最もよく知る供給者と政府とのインタラクションを推進することにより，利用者のニーズを介護サービスに反映させることを目指している。この目標に向け，プロセス型業績評価モデルには供給者の振る舞いというインプットと供給者の訓練というアウトプットが必要である。

市場を活用する既存の介護政策モデルに必要な修正は，Lynn, Heinrich and Hill［2000］の「ガバナンスのロジック」を用いて説明することができる。ケア・ワーカーの振る舞いの成分を既存の理論に追加することにより，必要な修正が達成できた。

　プロセス型業績評価モデルのイメージは次のように描くことができる。政策の「アウトカム」は政府（または公的機関）のガバナンスに左右される。①「社会環境」を観察することにより公共ニーズを把握する，②「顧客特性」と「ケア・ワーカーの振る舞い」に基づいて「処置（業績評価）」を設定する，③訓練されたケア・ワーカーがいる非政府部門へヒューマン・サービス供給を外部委託する「構造」を構築する，そして④最後にヒューマン・サービス市場を「管理」する。

1）プロセス型業績評価モデルは利用者のニーズを反映する

　本書は，プロセス型業績評価モデルが介護サービスにおける利用者のニーズを反映することを示した。これは極めて重要なことであるが，既存のアウトカム型業績評価手法は利用者のニーズを認識する機会を逃していた。アウトカム型業績評価手法ではアウトカムに重点が置かれるため，政府は利用者のニーズについて最もよく把握している供給者（ケア・ワーカー）とインタラクションを取らない。その他の多くの公共サービスと異なり，ヒューマン・サービスの受け手は自分のニーズを的確に伝えられないことが多い（認知症の高齢者など）。しかし，プロセス型業績評価モデルは，政府と供給者を結び付けることにより，ケア・ワーカーの振る舞いを評価・訓練することで政府が利用者のニーズを把握し，そうしたニーズが確実にサービスに反映されるようにすることを可能にする。

　この発見は，ヒューマン・サービス市場における Lipsky［1980］の「ストリート・レベル官僚制」の概念を補強するものである。従来の官

僚制理論の時代に，Lipsky［1980］は第一線のヒューマン・サービス実務者を「ストリート・レベル官僚」と名付け，それらの実務者は必然的にサービス供給に対する大きな裁量権を持つことから，そうした実務者の重要性を主張した。しかし，ヒューマン・サービスの供給が非政府部門に委託されるようになるにつれ，次第に政府は第一線の実務者とのつながりを失っていった。Lynn, Heinrich and Hill［2000］の「ガバナンスのロジック」が示すように，委託者―受託者関係においては，そうしたインタラクションが不要になったのである。それでも，第一線の実務者の裁量が大きいというヒューマン・サービスの特徴に変わりはない。利用者のニーズを最もよく把握している第一線の実務者とのつながりを失うことで，政府はヒューマン・サービス市場において長く続いてきた介護の質の問題に直面してきた。本書では，サービス（および／または業績評価）に利用者のニーズを反映させるメカニズムを明らかにし，プロセス型業績評価モデルの使用を提案した。

　このモデルの研究をさらに進めるためには，その適用可能性と財務的持続可能性を調査する必要があった。本モデルは理論上，利用者のニーズを評価に反映させるが，以下の課題が残されていた。①政府はどのようにケア・ワーカーとつながることができるか，②政府はケア・ワーカーをどのように訓練すべきか，③その数が増加するに伴ってコストがかかる傾向にあるケア・ワーカーの訓練について，政府はどのように財務的持続可能性を保証することができるか。これらの課題に対する答えを，以下の所見の中で明らかにした。

2）ケア・ワーカーとのインタラクションの達成
　本書は，主に日本のケースを分析した結果，業績評価過程に参加できるようになるというキャリア上のメリットをケア・ワーカーに提供する

ことにより，ケア・ワーカーとのつながりを保持できることを明らかにした。日本では，業績評価指標の設定，評価の実施，そして被介護者のケア・ニーズの分類（介護市場モデルを適用する市場の場合）の過程にたずさわるためには，ケア・ワーカーとしての実務経験が必要，または非常に有利となる。こうしたシステムがあれば，プロセス型業績評価の設定と実施に必ず第一線のケア・ワーカーの声が反映される。

このシステムは，政府だけでなくケア・ワーカーにもメリットがある。ケア・ワーカーの給与は満足のいくものではないかもしれないが，政策決定過程に参加できるようになるというキャリアパスは彼らの意欲を高め，有能な人材をひきつける。OECDの調査が示すように（表7-9を参照），有能な働き手の確保は各国政府に共通する重大な懸案である。このシステムは政府と供給者の両方にメリットがある。

この発見には，社会的弱者の声をどのように汲み取るかという議論に対するインプリケーションがある。大半の場合，ヒューマン・サービスの利用者は社会的弱者であり，苦情を訴える消費者の権利を行使できないことも多い。Lipsky［1980］が主張しているように，そうした利用者の声は「エグゼクティブ」の政策決定者に届かない可能性が高い。この所見は，政府が第一線（ストリート・レベル）の実務者を通じて社会的弱者の声を聞くためのモデルを提示している。

この発見に残された疑問は，政府がこうした第一線の実務者をいかにして信用できるかという点であった。ケア・ワーカーはヒューマン・サービス供給の極めて重要な役割を担う可能性があることから，政府はケア・ワーカーの質を担保する必要がある。先述の通り，確かにケア・ワーカーに対するキャリア上のメリットは有能な人材をひきつける。しかし，利用者の声を届け，最終的に政策に反映されるようにするケア・ワーカーの資質がそれで保証されるわけではない。したがって，どのようにケア・ワーカーを訓練するかが次の課題となった。

3）隠れたニーズを明らかにするためのケア・ワーカーの訓練

　本書は，ケア・ワーカーの訓練の2つのフェーズを特定することで，ケア・ワーカーの訓練では利用者の隠れたニーズを明らかにするためのコミュニケーション技術を教える必要があることを示した。フェーズ1の訓練は，確実に適切なケアを行うためのものである。政府は身体的技能に重点を置いて，被介護者の物理的な移動などの安全なケアの提供を保証するための訓練を行う。また，こうした訓練はケア・ワーカーを腰痛などの怪我から保護する。フェーズ2の訓練の目的は，被介護者の隠れたケア・ニーズを発見するための戦略と技術まで拡大される。政府はケア・ワーカーのコミュニケーション技術を重視し，目に見えるケア・ニーズだけでなく目に見えないニーズにも対応できるようにケア・ワーカーを訓練する。こうした訓練は，ケア・ワーカーが被介護者の隠れたニーズを政府に伝えられるようにする一助となる。さらに，コミュニケーション訓練を通じて被介護者を理解することで，ケア・ワーカーが精神的に消耗するのを防ぐ[3]。プロセス型業績評価モデルの目的は，介護サービスを確実に提供することだけでなく，隠れたケア・ニーズを汲み取ることである。したがって，このモデルに必要な訓練はフェーズ2の訓練である。

　本書は，プロセス型業績評価モデルに必要な訓練を特定した。このモデルでは，目に見えるサービス・ニーズと隠されたサービス・ニーズに対応することがケア・ワーカーに期待されるため，フェーズ2の訓練が不可欠である。これは，ヒューマン・サービス供給における「ストリート・レベル」の代表者という概念を活用するのに必要な訓練内容を明らかにした初めての所見である。

　残された課題は，フェーズ2の訓練の財務的持続可能性であった。本

---

[3] 第8章で議論したように，ケア・ワーカーは必然的に非介護者の感情の極めてドラマチックなステージに立ち会うことになる。

書は，フェーズ 2 の訓練にはフェーズ 1 よりもはるかに多くの時間をかける必要があることを示した。ヒューマン・サービスのニーズ，特に介護のニーズは増加すると予測されている。したがって，訓練のコストがサービス供給における深刻な課題となる可能性があった。

4）訓練の財務的持続可能性の確保

　本書は，可能な最良のヒューマン・サービスを目指すことで，政府はケア・ワーカーの訓練の持続可能性を確保できることを示した。日本のケースを分析した結果，訓練されたケア・ワーカーが掘り起こした隠れたケア・ニーズが国の経済を押し上げることが明らかになった。つまり，可能な最良のサービスを提供しようとするケア・ワーカーの取り組みが，潜在的なサービス・ニーズを引き出し，業界がこれらのニーズに対して反応するのである。例えば，日本政府はそうしたコラボレーションを支援し，支援ロボット産業は 2035 年までに 9.7 兆円に及ぶとするロボット産業の成長に重要な役割を果たすと予測している（経済産業省［2010］）。

　この発見の影響は，増加するヒューマン・サービス・ニーズの議論に投影される。増加するヒューマン・サービス・ニーズは多くの公費を必要とすることから，しばらくの間，どちらかというと否定的に受け止められてきた。第 2 章で論じたように，市場活用への政策モデルのシフトの裏にあった主要な要因のひとつは，この財務的な「負担」を緩和することであった。確かに，日本のケースからの所見は費用の削減ではなく増加につながる。しかし，増加するヒューマン・サービス・ニーズの肯定的な社会的効果を強調することで，日本の経験はサービス供給を持続可能にするメカニズムを提供している。つまり，ケア・ワーカーをよく訓練するほど，多くの隠されたニーズが明らかになる。そして，引き出されたニーズが経済を後押しする。重要な点として，政府，供給者，そして業界のコラボレーションは，それら 3 者すべてにとってメリットが

あり，政府には財政的持続可能性を[4]，供給者にはよりよいケアを[5]，そして業界には新たなビジネスをもたらす。確かに，引き出された介護ニーズとロボット産業を結び付けるのは日本に特有な現象かもしれない。しかし，引き出されたニーズが産業活動を刺激するという市場経済の原理はあらゆる市場に適用できる。

この発見の研究をさらに進めるためには，学際的な研究が必要となる可能性がある。この所見によって市場の競争性とサービス品質の保証のバランスを取るためには，経済（ビジネス），工学，医療（看護），そして公共政策など，いくつかの観点を研究に組み入れる必要があるだろう。

5）日本のケースを見直す重要性

本書の追加的な貢献は，日本のヒューマン・サービスのケースを見直したことである。プロセス型業績評価モデルは，第一線の労働者（ケア・ワーカー）の役割を重視する点で，「ボトムアップ」のアプローチをとっている。このアプローチは，特にVogel［1979］によって概念化されてから，「日本的マネジメント」としてビジネスの分野で活発に研究されている。しかし，ビジネス分野とは異なり，ヒューマン・サービス分野における日本的マネジメントは大いに見過ごされてきた。Lipsky［1980］がヒューマン・サービスにおける第一線の実務者（彼の言葉では「ストリート・レベル官僚」）の重要性を主張した時も，日本のケースに触れた研究はほとんどなかった。ヒューマン・サービス供給におけるそうしたボトムアップのアプローチは次第に注目されなくなり[6]，ヒューマン・サービスの供給では市場を活用する公共政策モデルがポピュラー

---

[4] ヒューマン・サービス支出の規模は通常，支出額の対GDP比で比較される（例えば，表1-2参照）。すなわち，支出が増加しても，GDPが増えれば，支出増分は相殺される。

[5] これは，供給はもともと需要に対する反応であるので，もちろん利用者にも利益をもたらす。

になった。それでも，ヒューマン・サービスの供給では依然として第一線の実務者の裁量が大きいため，そうしたボトムアップ・アプローチの重要性に変わりはない。したがって，日本が最も急激な介護ニーズの増加に直面してきたためだけでなく，日本的マネジメントにはヒューマン・サービス供給に対する多くのインプリケーションがあることからも，日本のケースは重要である。本書の追加的な貢献は，ヒューマン・サービス供給の研究における日本のケースの不在に対応したことである。

おわりに

　本書は，政府がプロセス型業績評価モデルを導入することによって，利用者のニーズをヒューマン・サービス市場に反映できることを証明した。この評価モデルを第Ⅰ部で提示した介護市場モデルと結び付けることにより，ヒューマン・サービスにおいて長く続いてきた介護の質の問題が解決される。

　本書で提示したモデルは，政策目標が曖昧で供給者の裁量が大きいというヒューマン・サービスの2つの特徴に対応する。したがって，これらのモデルは他のヒューマン・サービス分野（つまり，チャイルド・ケア，ホームレス支援等）にも適用できる。しかし，これらの分野のコンテクストは介護とは異なることから，これらの有望なモデルの実証的価値について，さらに研究を進める必要がある。

---

6) このことは Lipsky［1980］の研究が注目されなくなったということではない。彼のアイデアは行政学の多くの分野でいまだに数多く引用されている。しかし，ヒューマン・サービス供給の分野におけるフロントライン・ワーカーの議論においては注目されなくなってきている。

1) 市場を活用する政策モデルに対するインプリケーション

　ヒューマン・サービスの性質は，他の公共サービスとは異なっている。本書の中で繰り返し述べてきたように，サービス供給者（つまりケア・ワーカー）の裁量が大きく，政策目標が曖昧なことがヒューマン・サービスの顕著な特徴である。こうした事実にもかかわらず，市場を活用する既存の公共政策モデルは，競争市場を通じた供給の点で，ヒューマン・サービスをその他の公共サービスと同列に扱っている。本書では全体を通じて，実はそうした扱いが，長く続いてきた介護の質の問題を引き起こしてきたと主張した。本書は，競争市場を通じたヒューマン・サービス供給の新たな理論について考察し，既存の公共政策モデルに対するその影響を検討した。本研究の所見は，本書全体を通じて繰り返されてきた以下のシンプルな主張にまとめることができる。

　　ヒューマン・サービスの性質はその他の公共サービスとは異なることから，その他の公共サービスの市場供給において用いられている既存の市場モデルや公共政策モデルをヒューマン・サービスに直接適用することはできない。

　次では最後に，政策モデルに対するこれらの研究所見のインプリケーションを検討し，将来の研究への道をいくつか明らかにする。そうすることによって，本書で行ったリサーチが公共政策モデルや競争市場における公共サービスの供給に関する現在の知識に貢献することを示す。

2) サービス品質保証と市場を通じたヒューマン・サービス供給の両立

　第2章では，行政学理論に関する既存の研究をレビューすることによって，市場を通じた公共サービスの供給はサービス品質保証に関する懸念により完全には成立しないことを明らかにした。確かに，電気通信，配達，および公共輸送といった一部の公共サービスは，通常，競争によ

ってサービスの質を犠牲にしない市場を通じた供給に成功している。しかし，こうした成功は，これらのサービスの質が非常に標準化され，それによって購買モデルが $Y=xp$ となる（つまり，同質のサービスが効率のよさの点で競争している）ために他ならない。それに対し，ヒューマン・サービスの分野では，各サービスを利用者に応じてカスタマイズする必要があるため，質が均一ではない。その結果，購買モデルは $Y=x(p, q)$ となり，市場において「高質だが高価なサービス」だけでなく「低質だが安価なサービス」が許容されることになる。さらに，政策目標が曖昧なため，サービスの質を評価するのが困難である。情報の非対称性モデル（つまり，契約の失敗モデル，MARモデル，および佐竹・鈴木モデル）も評価の難しさを支持している。

それでも，本書はそうしたサービスの質の問題を解決し得ることを証明した。政府は介護市場モデルを導入することで，競争をサービスの質向上に仕向けることができる。ケアのパフォーマンスは，プロセス型業績評価モデルによって測定できる。そして，利用者と供給者の間の情報格差は，介護品質情報（つまり，業績評価の結果）を公表することで埋めることができる。これらの所見は，こうした条件の下で，公的な介護サービスの供給における競争市場の使用を支持している。

以上をまとめると，本書はヒューマン・サービス供給の市場利用を支持するが，市場や公共政策の理論は永久に消せないインクで書かれているわけではない。各タイプの公共サービスにはそれぞれ明確な特徴があることから，市場モデルや公共政策モデルは常に各タイプのサービス・ニーズの変化にあわせて調整していく必要がある。

参考文献

朝田隆［2013］「都市部における認知症有病率と認知症の生活機能障害への対応」〈http://www.tsukuba-psychiatry.com/wp-content/uploads/2013/06/H24Report_Part1.pdf〉。
朝日新聞［2006］「認知症高齢者グループホーム利用負担」〈http://www.asahi.com/life/update/0312/001.html〉。
天野拓［2014］『オバマの医療改革——国民皆保険制度への苦悩』勁草書房。
荒見玲子［2014］「資格認定の実施過程におけるアクターの応答性の規定要因とそのメカニズム——福井県の要介護認定調査の分析から」『社会科学研究』65 (1): 1-44。
井伊雅子［2009］『アジアの医療保障制度』東京大学出版会。
上山信一［2002a］『日本の行政評価——総括と展望』第一法規出版。
上山信一［2002b］『行政の経営改革——管理から経営へ』第一法規出版。
遠藤久夫［1995］「医療・福祉における営利性と非営利性——民間非営利組織とサービスの質」『医療と社会』5 (1): 27-42。
遠藤久夫［2006］「医療と非営利性」田中滋・二木立編『保険・医療提供制度』勁草書房。
小椋正立，デービッド・ワイズ［2002］『日米比較・医療制度改革』日本経済新聞社。
小塩隆士［2005］『人口減少時代の社会保障改革——現役層が無理なく支えられる仕組みづくり』日本経済新聞社。
小塩隆士［2013］『社会保障の経済学 第4版』日本評論社。
小塩隆士［2014］『持続可能な社会保障へ』NTT出版。
介護労働安定センター［2008］「介護労働者に対する施策の現状」〈http://www.kaigo-center.or.jp/report/pdf/h20_kenkyukai_3.pdf〉。
柏野健三［1997］『改訂増補版 社会政策の歴史と理論——救貧法から社会保障へ』西日本法規出版。
角谷快彦［2011］「介護サービスの質改善のメカニズム——介護事業者の視点から」『社会福祉学』51 (4): 128-138。
河口洋行［2015］『医療経済学 第3版』日本評論社。
川村雅則［2008］「介護・介護労働調査研究プロジェクト第一次中間報告」〈http://

www.econ.hokkai-s-u.ac.jp/~masanori/2008.09kaigo00〉。
機械振興協会経済研究所［2008］『RT による産業波及効果と産業分析に関する調査』日本ロボット工業会。
久野研究室［2010］「介護者の行動と周辺環境の計測に基づいた自律移動車椅子」〈http://www.cv.ics.saitama-u.ac.jp/research/WheelChair.pdf〉。
経済産業省［2009］「産業構造ビジョン 2010」〈http://www.meti.go.jp/committee/summary/0004660/index.html〉。
経済産業省［2010］「2035 年に向けたロボット産業の将来市場予測」〈http://www.meti.go.jp/press/20100423003/20100423003-2.pdf〉。
経済産業省［2013］「2012 年ロボット産業の市場動向」〈http://www.meti.go.jp/press/2013/07/20130718002/20130718002-3.pdf〉。
公益財団法人テクノエイド協会［2012］「腰を傷めない介護・看護──質の高いケアのために」〈http://www.techno-aids.or.jp/research/vol15.pdf〉。
厚生労働協会［2007］『統計でわかる介護保険』財団法人厚生統計協会。
厚生労働省［2006a］「C 地域密着型サービスにおける自己評価及び外部評価の実施について」〈http://www.mhlw.go.jp/shingi/2006/10/dl/s1005-7b01.pdf〉。
厚生労働省［2006b］「就業保健師・助産師・看護師・准看護師」〈http://www.mhlw.go.jp/toukei/saikin/hw/eisei/06/kekka1.html〉。
厚生労働省［2007］「平成 18 年度介護サービス施設・事業所調査結果の概要」〈http://www.mhlw.go.jp/toukei/saikin/hw/kaigo/service06/kekka1.html〉。
厚生労働省［2008a］「平成 18 年度介護給付実態調査報告」厚生労働統計協会。
厚生労働省［2008b］「K 介護職員の腰痛等健康問題に関する福祉用具利用調査」厚生労働省。
厚生労働省［2009］「福祉・介護人材確保対策」〈http://www.mhlw.go.jp/seisaku/09.html〉。
厚生労働省［2010a］「今後の介護人材育成のあり方に関する検討会」〈http://www.mhlw.go.jp/stf/houdou/2r9852000000jxj2-img/2r9852000000kg8o.pdf〉。
厚生労働省［2010b］「介護保険制度に関する国民の皆さまからのご意見募集（結果概要について）」〈http://www.mhlw.go.jp/public/kekka/2010/dl/p0517-1a.pdf〉。
厚生労働省［2011］「介護サービスの質の評価について」〈http://www.mhlw.go.jp/stf/shingi/2r9852000001qyj1-att/2r9852000001qz5h.pdf〉。
厚生労働省［2013］「認定介護福祉士（仮称）制度の方向性について」〈http://www.mhlw.go.jp/stf/shingi/2r9852000002ae5j-att/2r9852000002aedl.pdf〉。
厚生労働省［2014］「第 1 回社会保障審議会福祉部会福祉人材確保専門委員会資料」2 〈http://www.mhlw.go.jp/file/05-Shingikai-12601000-Seisakutoukatsukan-Sanjika

nshitsu_Shakaihoshoutantou/0000062879.pdf〉。
厚生労働省［2015］「第 26 回介護福祉士国家試験合格発表」〈http://www.mhlw.go.jp/stf/houdou/0000041173.html〉。
国立社会保障・人口問題研究所［2000］『医療・介護の産業分析』東京大学出版会。
財務省主計局［2014］「社会保障①（総論，医療・介護，子育て支援）」〈https://www.mof.go.jp/about_mof/councils/fiscal_system_council/sub-of_fiscal_system/proceedings/material/zaiseia261008/01.pdf〉。
桜井政成［2008］「非営利・営利組織のサービスの質に関する比較検討――介護保険市場を例に」『非営利法人研究学会誌』10：51-60。
佐竹秀典・鈴木亘［2001］「日本の介護サービス市場の実態」『エコノミックス』（東洋経済新報社），6：180-195。
産業技術総合研究所［2007］「生活支援ロボットの産業化に向けて」〈http://rd.kek.jp/slides/20070221/rtm.pdf〉。
シード・プランニング［2014］「テレプレゼンスロボットとパワーアシストスーツの最新動向――リハビリ・介助者・災害対策・コミュニケーションから遠隔コミュニケーション・作業効率アップ等の可能性分析」シード・プランニング。
下野恵子・大津廣子・大日康史［2003］『介護サービスの経済分析』東洋経済新報社。
周燕飛・鈴木亘［2004］「日本の訪問介護市場における市場集中度と効率性，質の関係」『日本経済研究』49 (3)：173-187。
鈴木亘［2002］「非営利訪問介護者は有利か？」『社会保障研究』38 (1)：74-88。
スティグリッツ，ジョセフ［2012］『世界の 99％を貧困にする経済』楡井浩一・峯村利哉訳，徳間書店。
生命保険協会［2002］「生命保険事業概要」〈http://www.seiho.or.jp/data/statistics/index.html〉。
全国ホームヘルパー協議会［2010］「ホームヘルパーの資格と仕事」〈http://www3.shakyo.or.jp/hhk/helper/helper% 20naiyo.htm〉。
総務省［2006］「労働力調査」総務省統計局。
ダイヤモンド［2008］「自動車大手がしのぎを削るロボットスーツ開発」〈http://diamond.jp/articles/-/2656〉。
橘木俊詔［2010］『安心の社会保障改革――福祉思想史と経済学で考える』東洋経済新報社。
南部鶴彦［2000］「介護サービス産業への公的介護保険導入の経済的帰結」国立社会保障・人口問題研究所編『医療介護の産業分析』東京大学出版会。
新潟市［2014］「介護保険サービスガイド」新潟市介護保険課。

西村周三［2000］『保険と年金の経済学』名古屋大学出版会。
西村周三［2014a］「海外における福祉国家研究の潮流」西村周三・京極高宣・金子能宏編『社会保障の国際比較研究』ミネルヴァ書房。
西村周三［2014b］『社会保障費用統計の理論と分析――事実に基づく政策議論のために』慶應義塾大学出版会。
西村周三・田中滋・遠藤久夫［2006］『医療経済学の基礎理論と論点』勁草書房。
ニッセイ基礎研究所［1998］「欧米で進む介護サービスの市場メカニズム導入」ニッセイ基礎研究 Report，1998（Feb），ニッセイ基礎研究所。
日本介護福祉士会［2005］『介護福祉士の実態調査』日本介護福祉士会。
日本銀行［2015］「資金循環」〈http://www.boj.or.jp/statistics/sj/〉。
日本相互証券株式会社［2015］「長期金利推移グラフ」〈http://www.bb.jbts.co.jp/marketdata/marketdata01.html〉。
日本損害保険協会［2002］「損害保険に関する全国調査総合報告書」日本損害保険協会。
橋本英樹・泉田信行［2016］『医療経済学講義 補訂版』東京大学出版会。
花岡智恵［2011］「介護労働者の離職要因――賃金が勤続年数別の離職に与える影響」『医療経済研究』23（1）：37-78。
広瀬美千代・岡田進一・白澤政和［2004］「家族介護者の介護に対する認知的評価と要介護者の ADL との関係――介護に対する肯定・否定両側面からの検討」『生活科学研究誌』3：227-236。
福祉医療機構［2010a］〈http://www.wam.go.jp〉。
福祉医療機構［2010b］「介護保険制度関係の介護従事者の資格」〈http://www.wam.go.jp/wamappl/bb05Kaig.nsf/0/41b148c659e3ac3849257759001e74fd/$FILE/20100707_1shiryou3_3.pdf〉。
二木立［2006］『医療経済・政策学の視点と研究方法』勁草書房。
二木立［2014］『安倍政権の医療・社会保障改革』勁草書房。
ホリオカ，チャールズ・ユウジ／家計経済研究所［2008］『世帯内分配と世代間移転の経済分析』ミネルヴァ書房。
堀田聰子［2012］「ケア従事者確保に向けた諸課題――オランダの経験から」季刊『社会保障研究』47（2）：382-400。
矢野経済研究所［2013］『介護ロボットの可能性と将来性 2013』矢野経済研究所。
山岸敬和［2014］『アメリカ医療制度の政治史――20 世紀の経験とオバマケア』名古屋大学出版会。
山谷清志［1997］『政策評価の理論とその展開――政府のアカウンタビリティ』晃洋書房。

龍慶昭・佐々木亮［2004］『「政策評価」の理論と技法』多賀出版．
読売オンライン［2010］「ロボットスーツ，リハビリをサポート」〈http://job.yomiuri.co.jp/news/ne_10082004.htm〉．
労働政策研究・研修機構［2014］『労働政策研究報告書 N. 168』〈http://www.jil.go.jp/institute/reports/2014/documents/0168.pdf〉．
ロボットビジネス推進協議会［2015］「運営組織」〈http://www.roboness.jp/h/busikyo03.html〉．
HAKIT21［2010］「介護認定審査会とは？」兵庫県〈http://www.hakit21.ne.jp/system/main15.htm〉．
Impress Watch［2009］「パナソニック，民生ロボット事業で2015年に1,000億円目指す」〈http://kaden.watch.impress.co.jp/docs/news/20091016_321906.html〉．
NEDO［2008］「人間支援型ロボット実用化基盤技術」経済産業省編『21世紀ロボットチャレンジプログラム』経済産業省．
NEDO［2010］「NEDO成果レポート2010」〈http://www.nedo.go.jp/kankobutsu/pamphlets/23seika/seika/index.html〉．

AIST［2006］*Paro Found to Improve Brain Function in Patients with Cognition Disorders*, 〈http://www.parorobots.com/pdf/pressreleases/Paro%20found%20to%20improve%20Brain%20Function.pdf〉, Oct., 2010.
Albrow, M.［1970］*Bureaucracy*, Pall Mall Press, London.
Aulich, C., Halligan, J. and Nutley, S.［2001］*Australian Handbook of Public Sector Management*, Allen & Unwin, Sydney.
Australian Institute of Health and Welfare［1995］*Australia's Welfare: Services and Assistance*, Australian Government Publishing Service (AGPS), Canberra.
Bates-Jensen, B. M., et al.［2003］"The Minimum Data Set Pressure Ulcer Indicator: Does It Reflect Differences in Care Processes Related to Pressure Ulcer Prevention and Treatment in Nursing Homes", *Journal of the American Geriatrics Society*, 512: 1203-1212.
Behn, D. R.［2003］"Rethinking Accountability in Education: How Should Who Hold Whom Accountable for What?" *International Public Management Journal*, 6 (1): 43-73.
Ben-Ner, A.［2002］"The Shifting Boundaries of the Mixed Economy and the Future of the Nonprofit Sector", *Annals of Public and Cooperative Economics*, 1: 5-40.
Berenson, R. A., Bodenheimer, T. and Pham, H. H.［2006］"Speciality-Service Lines: Salvos in the New Medical Arms Race", *Health Affairs*, 25 (5): 337-343.

Boston, J. [1991] "The Theoretical Underpinnings of Public Sector Restructuring in New Zealand", in J. Boston, J. Martin, J. Pallot and P. Walsh eds., *Reshaping the State : New Zealand's Bureaucratic Revolution*, Oxford University Press, Auckland.

Boyne, G. A. [1996] "The Intellectual Crisis in British Public Administration : Is Public Management the Problem or the Solution ?" *Public Administration*, 74 : 679-694.

Braithwaite, J. [2006] "Regulating Nursing Homes : The Challenge of Regulating Care for Older People in Australia", *BMJ*, 2001 (323) : 443-446.

Bureau of Labor Statistics [2010] *Occupational Outlook Handbook 2010-11 Edition*, ⟨http://www.bls.gov/oco.htm⟩.

Burns, T. and Stalker, G. M. [1961] *The Management of Innovation*, Tavistock, London.

Calvin, J. [1536] *Institute of the Christian Religion. Christian Classics External Library*, ⟨http://www.ccel.org/ccel/calvin/institutes.html⟩.

Castles, G. F. et al. [2010] *The Oxford Handbook of the Welfare States*, Oxford University Press, Oxford.

Choi, J. [2009] *1 Training System of Care Workers in Long-term Care System and Quality of Care Services in Korea : From the Viewpoint of First Launching LTC Insurance*, The 19th International Association of Gerontology and Geriatrics (IAGG) Congress 2009, July 5-9th, 2009, Paris.

CMS [2010] *Public Quality Indicator and Resident Report*, Centers of Medicare & Medicaid Services, The United States Deparment of Health and Human Services.

Cohen, J. and Spector, W. [1996] "The Effect of Medicaid Reimbursement on Quality of Care in Nursing Homes", *Journal of Health Economics*, 15 : 23-48.

Crozier, M. [1964] *The Bureaucratic Phenomenon*, University of Chicago Press, Chicago.

Culter, D. M. [1996] "Why Don't Markets Insure Long-term Risk ?" *Harvard University and National Bureau of Economic Research, Working Paper*, Cambridge, M. A.

Cutler, D. and Maera, E. [2001] "Change in the Age Distribution of Mortality over the 20th Century", *National Bureau of Economic Research, Working Paper No. 8556*, Cambridge, M. A.

Davidson, B. [2009] "For-profit Organizations in Managed Markets for Human Services", in King, D. and Meagher, G. eds., *Paid Care in Australia : Politics, Profits, Practices*, Sydney University Press, NSW.

Devers, K. J., Brewster, L. R. and Cassalino, L. P. [2003] "Changes in Hospital Competitive Strategy : A New Medical Arms Race ?" *Health Service Research*, 38 (12) : 447-469.

Diginfonews [2010a] *PARO Theraputic Baby Harp Seal Robot*, ⟨http://www.diginfo.

tv/2010/08/12/10-0138-r-en.php〉.

Diginfonews [2010b] *Robot Wheelchair That Automatically Follows a Companion*, 〈http://www.diginfo.tv/2010/08/12/10-0140-r-en.php〉.

Dranove, D., Shanley, M. and Simon, C. [1992] "Is Hospital Competition Wasteful ?" *Rand Journal of Economics*, 23 (2) : 247-262.

Donabedian, A. [1966] "Evaluating the Quality of Medical Care", *The Milbank Quarterly*, 44 (3) : 166-203.

Donabedian, A. [1987] "Commentary on Some Studies on the Quality of Care", *Health Care Financing Review*, Spec No : 75-85.

Dubois, P. [1979] *Sabotage in Industry*, Penguin Books, Harmondsworth.

Dunleavy, P. and O'Leary, B. [1987] *Theories of the State*, Macmillan, London.

Dusansky, R. [1989] "On the Economics of Institutional Care of the Elderly in the US : The Effects of Change in Government Reimbursement", *Review of Economics*, 56 : 141-150.

Ellwood, J. [2000] "Prospects for the Study of the Governance of Public Organizations and Policies", in Heinrich, C. and Lynn, L. Jr. eds., *Governance and Performance : New Perspectives*, Georgetown University Press, Washington, D. C.

Esping-Andersen, G. [1990] *The Three Worlds of Welfare Capitalism*, Princeton University Press, Cambridge, MA.

Farley, D. E. [1985] "Competition among Hospitals : Market Structure and Its Relation to Utilization, Costs, and Financial Position. Hospital Studies Program", *National Center for Health Service Research and Health Care Technology Assessment*, Research Note 7, 1985.

Feng, Z. D., Grabowski, D. C., Intrator, O. and Mor, V. [2006] "The Effect of State Medicaid Case-mid Payment on Nursing Home Resident Acuity", *Health Service Research*, 41 (4 Pt. 1) : 1317-1336.

Fisher, I. [1933] "The Debt-Deflation Theory of Great Depressions," *Econometrica*, 1 (4) : 337-357.

Frederickson, G. H. and Smith, B. K. [2003] *The Public Administration Theory Primer*, Westview Press, Colorado.

Frey, B. C. and Osborne, A. M. [2013] "The Future of Employment : How Susceptible are Jobs to Computerization". 〈http://www.oxfordmartin.ox.ac.uk/downloads/academic/The_Future_of_Employment.pdf〉.

Fries, B. E. et al. [1997] "Effect of the National Resident Assessment Instrument on Selected Health Conditions and Problems, *Journal of the American Geriatrics Society*,

45 : 994-1001.

Gertler, P. [1984] *Structural and Behavioural Differences in the Performance of Proprietary and Not-for-profit Organization*, Mimeo.

Gertler, P. J. [1989] "Subsidies, Quality, and The Regulation of Nursing Home", *Journal of Public Economics*, 38 : 33-52.

Gertler, P. J. [1992] "Medicaid and the Cost of Improving Access to Nursing Home Care", *Review of Economics and Statistics*, 74 (2) : 338-345.

Gertler, P. J. and Waldman, D. M. [1992] "Quality-adjusted Cost Functions and Policy Evaluation in the Nursing Home Industry", *Journal of Political Economy*, 100 (6) : 1232-1256.

Gomez-Ibanez J. and Meyer J. [1993] *Going Private : The International Experience With Transport Privatization*, Brookings Institution Press, Washington, D. C.

Hansmann, H. [1980] "The Role of Nonprofit Enterprise", *Yale Law Journal*, 89 (5) : 835-901.

Harrington, C. [2001] "Regulating Nursing Homes : Residential Nursing Facilities in the United States", *BMJ*, 323 (7311) : 507-510.

Hawes, C. et al. [1997] "The OBRA-87 Nursing Home Regulations and Implementation of the Resident Assessment Instrument : Effects on Process Quality", *Journal of the American Geriatrics Society*, 45 : 977-985.

Heinrich, C. and Lynn, L. Jr. [2000] *Governance and Performance : New Perspectives*, Georgetown University Press, Washington, D. C.

Hersch, P. L. [1984] "Competition and the Performance of Hospital Markets", *Review of Industrial Organization*, 1 (4) : 324-340.

Hirth, R. [1999] "Consumer Information and Competition between Nonprofit and For-profit Nursing homes", *Journal of Health Economics*, 18 : 219-240.

Hood, C. [1991] "A Public Management for All Seasons ?" *Public Administration*, 69 : 3-19.

Hughes, O. [1998] *Public Management and Administration*, Macmillian, Melborne.

Institute of Medicine (IOM) [1986] *Improving the Quality of Care in Nursing Homes*, National Academy Press, Washington, D. C.

James, E. and Rose-Ackerman, S. [1986] *The Nonprofit Enterprise in Market Economics*, Harwood Academic Publishers, London.

Kadoya, Y. [2010] "Managing the Long-Term Care Market : the Constraints of Service Quality Improvement", *Japanese Journal of Health Economics and Policy*, 21 (E1) : 247-264.

Kessler, D. P. and McClellan, M. B. [1999] "Is Hospital Competition Socially Wasteful ?" *National Bureau of Economic Research Working Paper*, No. 7266, Cambridge, M. A.

Kettl, D. [1988] *Government by Proxy : (Mis) Managing Federal Programs*, Congressional Quarterly Inc, Washington, D. C.

Kettl, D. [1993] "Public Administration : The State of the Field, Political Science", in Ada Finifter ed., *The State of the Descipline*, The American Political Science Association, Washington, D. C.

Kettl, D. [2000] *The Global Public Management Revolution : A Report on the Transformation of Governance*, Brooking Institution, Washington, D. C.

Knichman, J. R. and Snell, E. K. [2002] "The 2030 Problem : Caring for Aging Baby Boomers", *Health and Experimental Research*, 37 (4) : 849-884.

Koo, C. R. [2009] *The Holy Grail of Macroeconomics : Lessons from Japan's Great Recession*, Wiley.

Koo, C. R. [2015] *The Escape from Balance Sheet Recession and the QE Trap*, Wiley.

Kübler-Ross [1969] *On Death and Dying*, Touchstone, New York.

Landau, M. [1973] "On the Concept of a Self-Correcting Organization", *Public Administration Review*, 33 (6) : 536.

Lane, J.-E. [1993] *The Public Sector : Concepts, Models and Approaches*, Sage, London.

Li, L. and Ziemba, R. [2009] *Direct Care Workers in the United States : Challenges in Recruitment, Retention and Training*, The 19th International Association of Gerontology and Geriatrics (IAGG) Congress 2009, July 5-9th, 2009, Paris.

Li, W. and Xu, L. [2004] "The Impact of Privatization and Competition in the Telecommunications Sector around the World", *Journal of Law and Economics*, 47 (2) : 395-430.

Lipsky, M. [1980] *Street-Level Bureaucracy*, Russell Sage Foundation, N. Y.

Luft, H. S. et al. [1986] "The Role of Specialized Clinical Services in Competition among Hospitals", *Inquiry*, 23 : 83-94.

Luther, M. [1520] *To the Christian Nobility of the German Nation. Religious Encyclopaedia*, 〈http://www.ccel.org/ccel/luther/first_prin.v.i.html?highlight=to,the,christian, nobility,of,german,nation#highlight〉.

Lynn, L. Jr., Heinrich, C. and Hill, C. [1999] *The Empirical Study of Governance : Theories, Models, Methods*, Presented at the Workshop on Models and Methods for the Empirical Study of Governance, University of Arizona, Tucson, Arizona, April 23th-May 1st, 1999.

Lynn, L. Jr., Heinrich, C. and Hill, C. [2000] "Studying Governance and Public

Management : Challenges and Prospects", *Journal of Public Administration Research and Theory*, 10 (2) : 233-261.

Lynn, L. Jr., Heinrich, C. and Hill, C. [2001] *Improving Governance : A New Logic for Empirical Research*, Georgetown University Press, Washington, D. C.

Mankiw, N. G. [2014] *Principles of Microeconomics, 7th Edition*, Cengage Learning, USA.

Megginson, W. L. and Netter, J. M. [2001] "From State to Market : A Survey of Empirical Studies on Privatization", *Journal of Economic Literature*, 39 (2) : 321-369.

Mehdizadeh, S. and Applebaum, R. [2005] "A Review of Nursing Home Resident Characteristics in Ohio", *Scripps Gerontology Center Report Series1-18.*

Merton, R. [1952] "Bureaucratic Structure and Personality", in Merton R. et al. eds., *Reader in Bureaucracy*, Free Press, New Jersey.

Milward, H. B. [1994] "Implications of Contracting Out : New Roles for the Hollow State", in Patricia Ingraham and Barbara Romzek eds., *New Paradigms for Government : Issues for the Changing Public Service*, Jossey-Bass, San Francisco.

Milward, H. B. [1996] "Symposium on the Hollow State : Capacity, Control, and Performance in Interorganizational Setting", *Journal of Public Administration Research and Theory*, (April) : 193-314.

MHLW [1995] *The Comprehensive Survey of the Living Conditions of People on Health and Welfare*, MHLW, Tokyo.

MHLW [2000] "Social Security Systems Throughout the World, Annual Reports on Health and Welfare 1998-1999", *Social Security and National Life*, Vol. 2, White Paper. MHLW, Tokyo.

MHLW [2002] *Long-Term Care Insurance in Japan*, 〈http://www.mhlw.go.jp/english/topics/elderly/care/index.html〉.

Morozumi, R. [2007] *Quality of Care in Japanese Group Homes for the Elderly with Dementia : Synergy of Facility Services and Medical Services, Working Paper*, No. 216, Faculty of Economics, University of Toyama.

Musgrave, R. [1959] *The Theory of Public Finance : A Study in Public Economy*, McGraw-Hill, London.

Musgrave, R. [1957] "A Multiple Theory of Budget Determination", *Finanzarchiv*, 17 (3) : 333-343.

Naegele, G. [2009] *15 Years Long-Term Care Insurance in Germany : Time for an Interim Evaluation, After The Reform is Before the (Next) Reform*, The 19th International Association of Gerontology and Geriatrics (IAGG) Congress 2009, July 5-9th, 2009,

Paris.

Norton, E. C. [2000] "Long-Term Care", in Culyer, A. J. and Newhouse, J. P. eds., *Handbook for Health Economics*, Vol. IB : 956-994, North Holland Publishing, Amsterdam.

Nyman, J. A. [1985] "Prospective and Cost-plus Medicaid Reimbursement, Excess Medicaid Demand, and the Quality of Nursing Home Care", *Journal of Health Economics*, 4 (3) : 237-259.

Nyman, J. A. [1988] "Excess-demand, The Percentage of Medicaid Patients, and the Quality of Nursing Home Care", *Journal of Human Resource*, 23 (1) : 76-92.

Nyman, J. A. [1994] "The Effects of Market Concentration and Excess Demand on the Price for Nursing Home Care, *Journal of Industrial Economics*, 42 (2) : 193-204.

O'Brien, J., Saxberg, B. O. and Smith, H. L. [1983] "For-profit or Not-for-profit Nursing Homes : Does It Matter ?" *Gerontologist*, 23 : 341-348.

OECD [2000] *The OECD Labour Force Statistics*, OECD, Paris.

OECD [2005] *The OECD Health Report : Long-term Care for Older People*, OECD, Paris.

OECD [2009] *Population Statistics for OECD Member Countries*, OECD, Paris.

Ostrom, V. [1989] *The Intellectual Crisis in American Public Administration*, University of Alabama Press, Tuscaloosa, ALA.

Ouslander, J. [1997] "The Resident Assessment Instrument : Promise and Pitfalls", *Journal of the American Geriatrics Society*, 45 : 975-976.

Paraprofessional Healthcare Institute (PHI) [2008] *Health Coverage For Direct-Care Workers : 2008 Data Update*, ⟨http://www.directcareclearinghouse.org/.../PHI-447%20FactSheet4_singles.pdf⟩.

Paraprofessional Healthcare Institute (PHI) [2010] *Fact Sheet : Who are Direct-care Workers ?* ⟨http://www.directcareclearinghouse.org/download/NCDCW%20Fact%20Sheet-1.pdf⟩.

Parkin, M. and Bade, R. [2006] "Solution to Odd-Numbered Problems", in Parkin, M. eds., *Microeconomics : Canada in the Global Environment, Sixth Edition*, Pearson Education, Canada.

Peters, B. G. and Pierre, J. [1998] "Governance Without Government ? Rethinking Public Administration", *Journal of Public Administration Research and Theory*, Vol. 10 : 35-48.

Phillips, C. D. et al. [1997] "Association of the Resident Assessment Instrument (RAI) with Changes in Function, Cognition, and Psychosocial Status", *Journal of the*

American Geriatrics Society, 45 : 986-993.

Rahman, A. and Applebaum, R. [2009] "The Nursing Home Minimum Data Set Assessment Instrument : Manifest Functions and Unintended Consequences- Past, Present, and Future, *The Gerontologist*, 49 (6) : 727-735.

Robinson, J. C. [1988] Market Structure, Employment, and Skill Mix in the Hospital Industry. *Southern Economic Journal*, 55 (2) : 315-325.

Robinson, J. C. and Luft, H. [1985] "The Impact of Hospital Market Structure on Patient Volume, Average Length of Stay, and Cost of Care", *Journal of Economics*, 3 (1) : 1-24.

Salamon, L. M. [1989] *Beyond Privatization : The Tools of Government Action*, Urban Institute Press, Washington, D. C.

Sankai, Y. [2006] *Leading Edge of Cybernics : Robot Suit HAL, SICE-ICASE*, International Joint Conference, 18-21 Oct, 2006, Busan, S. Korea.

Scanlon, W. J. [1980] "A Theory of The Nursing Home Market, *Inquiry*, 17 : 25-41.

Schmolling, P. Jr., Youkeles, M. and Burger, W. R. [1997] *Human Services in Contemporary America* (4th ed.), Brooks Cole Publishing, California.

Schnelle, J. F. [1997] "Can Nursing Homes Use the MDS to Improve Quality ?" *Journal of the American Geriatrics Society*, 45 : 1027-1028.

Schnelle, J. F. et al. [2003] "The Minimum Data Set Urinary Incontinence Quality Indicators : Do The Reflect Differences in Care Processes Related to Incontinence ?" *Medical Care*, 41 : 909-922.

Selznick, P. [1949] *TVA and the Grass Roots*, University of California Press, Berkeley, California.

Shimizutani, S. and Suzuki, W. [2002] "The Quality of Efficiency of At-home Long-term Care in Japan : Evidence from Micro-level Data", *ESRI Discussion Paper Series 18*.

Shortell, S. M. and Hughes, E. F. [1988] "The Effect of Regulation, Competition, and Ownership on Mortality Rates among Hospital Inpatients, *The New England Journal of Medicine*, 318 : 1100-1107.

Simons, S. F. et al. [2003] "The Minimum Data Set Weight Loss Quality Indicator : Does It Reflect Differences in Care Processes Related to Weight Loss ? *Journal of the American Geriatrics Society*, 51 : 1410-1418.

Slevin, M. L. et al. [1998] "Who Should Measure Quality of Life, The Doctor or The Patient ?" *British Journal of Cancer*, 57 : 109-112.

Sloan, F. A. and Norton, E. C. [1997] "Adverse Selection, Bequests, Crowding Out, and Private Demand for Insurance : Evidence from the Long-term Care Insurance Market,

Journal of Risk and Uncertainty, 15 : 201-219.

Smith, S. and Lipsky, M. [1993] *Nonprofits for Hire : The Welfare State in the Age of Contracting*, Harvard University Press, Cambridge, MA.

Sturgess, G. [1996] "Virtual Government : What Will Remain Inside the Public Sector ?" *Australian Journal of Public Administration*, 55 (3) : 59-73.

Sugahara, T. [2010] "Invited Counter Argument for Managing the Long-Term Care Market : The Constraints of Service Quality Improvement, *Japanese Journal of Health Economics and Policy*, 21(E1) : 265.

Sugano Laboratory [2007] *Support Robot Twendy-One*, 〈http: //www. twendyone. com/ concept_e.html〉.

Thomas, G. [2006] *Performance Measurement, Reporting, Obstacles and Accountability : Recent Trends and Future Directions*. ANU E Press, 〈http://epress.anu.edu.au/anzsog/performance/pdf/performance-whole.pdf〉.

Tuckman, H. P. and Chang, C. F. [1988] "Cost Convergence between For-profit and Not-for-profit Nursing Homes : Does Competition Matter ?" *Quarterly Review of Economics and Business*, 28 (4) : 50-65.

Tullock [1970] *Private Wants, Public Means*, Basic Books, New York.

Uman, G. [1997] "Where's Gertrude ?" *Journal of the American Geriatrics Society*, 45 : 1025-1026.

United Nations [2008] *World Population Prospects : The 2008 Revision Population Database*, 〈http://esa.un.org/unpp〉.

United Nations [2012] *World Population 2012*, United Nations.

Vogel, E. F. [1979] *Japan as Number One : Lessons for America*, Harvard University Press, Cambridge, MA.

Wada, K., Shibata, T., Musha, T. and Kimura, S. [2008] "Robot Therapy for Elders Affected by Dementia : Using Personal Robots for Pleasure and Relaxation", *IEEE Engineering in Medicine and Biology Magazine,* July/August : 53-60.

Weller, P., Bakvis, H. and Rhodes, R. A. W. [1997] *The Hollow Crown : Countervailing Trends in Core Executives*, Macmillan Press LTD, London.

Weisbrod, B. A. [1980] "Heteroscedasticity-Consistent Covariance Matrix Estimator and a Direct Test for Heteroscedasticity", *Econometorica*, 48 (4) : 817-837.

Wholey, S. J. and Newcomer, E. K. [1997] "Clarifying Goals, Reporting Results", in Newcomer, E. K. ed., *Using Performance Measurement to Improve Public and Non-profit Programs : New Directions for Evaluation*, Jossey-Bass, San Francisco.

Wiener, J. M. et al. [2007] *Quality Assurance for Long-Term Care : The Experiences of*

England, Australia, Germany and Japan, AARP, Washington D. C.

Wilmoth J. R. [1998] "The Future of Human Longevity : A Demographer's Perspective", *Science*, 280 : 395-397.

Wilson, J. C. and Jadlow, J. M. [1982] "Competition, Profit Incentives, and Technical Efficiency in the Provision of Nuclear Medicine Services", *The Bell Journal of Economics*, 13 : 472-482.

World Bank [2005] *World Development Indicators Database*, World Bank, Washington, D. C.

Yin, R. [2002] *Applications of Case Study Research, Second Edition (Applied Social Research Methods Series Volume 34)*, Sage Publications.

Zins, C. [2001] "Defining Human Services", *Journal of Sociology and Social Welfare*, 28 (1) : 3-21.

Zontek, T. L., Isernhagen, J. C. and Ogle, B. R. [2009] "Psychosocial Factors Contributing to Occupational Injuries among Direct Care Workers", *Official Journal of the American Association of Occupational Health Nurses*, 57 (8) : 338-347.

Zwanziger, J. and Melnick, G. [1988] "The Effects of Hospital Competition and the Medicare PPS Program on Hospital Cost Behaviour in California", *Journal of Health Economics*, Vol. 7 : 301-320.

図表一覧

図序-1　OECD 諸国における高齢者（65 歳以上）人口が全人口に占める割合（2010〜40 年）……………………………………… 7
図 1-1　公的・民間介護支出の比較 …………………………………… 22
図 1-2　介護支出と超高齢者（80 歳以上）人口が全人口に占める割合の相関 …… 24
図 1-3　介護支出と高齢者（65 歳以上）人口が全人口に占める割合の相関 ……… 25
図 1-4　超高齢者（80 歳以上）人口率（2010〜2040 年）……………… 26
図 1-5　女性労働参加率（女性労働者〔全年齢〕の全女性人口〔15〜64 歳〕に対する比率）………………………………………………… 29
図 2-1　ケアの区別と均衡 ……………………………………………… 49
図 3-1　介護保険の財源 ………………………………………………… 61
図 3-2　介護保険受給のプロセス ……………………………………… 62
図 4-1　供給者タイプ別のマーケット・シェアの推移（2001〜06 年の 10 月時点）……………………………………………………………… 77
図 5-1　公的介護支出と 80 歳以上人口率の相関 …………………… 105
図 5-2　ケアの分化と均衡 …………………………………………… 113
図 5-3　介護市場モデルのイメージ ………………………………… 118
図 6-1　現在の公共政策モデル ……………………………………… 137
図 6-2　伝統的な公共政策モデル …………………………………… 137
図 6-3　公共政策モデル（ガバナンスのロジック）における階層的な交流 …… 138
図 6-4　介護政策モデル ……………………………………………… 140
図 7-1　65 歳以上の人口割合（1950〜2050 年）…………………… 152
図 7-2　寝たきりの期間別に示した寝たきりの高齢者の割合 …… 153
図 7-3　寝たきりの高齢者／認知症の高齢者の将来予測 ………… 153
図 7-4　寝たきりの高齢者の介護者（年齢群）……………………… 154
図 7-5　寝たきりの高齢者の介護者（男女の割合）………………… 154
図 7-6　日本における女性の就業率 ………………………………… 154
図 7-7　介護支援専門員になるプロセス …………………………… 159
図 7-8　外部評価調査員になるには ………………………………… 161
図 7-9　標準的な 1 週間の在宅ケアプラン（要支援 1〜要介護 5）………… 163
図 7-10　ダイレクト・ケア・ワーカーの低賃金（年収の中央値）………… 167
図 7-11　健康保険に加入していないダイレクト・ケア・ワーカーの割合 ……… 167

図 8-1	米国と日本における介護制度の違い	174
図 8-2	介護福祉士の資格を得るための 6 つのルート	183
図 8-3	日本におけるケア・ワーカーのキャリアステップ	186
図 8-4	介護福祉士の登録者数の推移	187
図 9-1	介護保険給付費用総額の推移	190
図 9-2	介護が必要になった場合の希望	192
図 9-3	ロボットビジネス推進協議会	194
図 9-4	日本のロボット産業の市場予測（2010～35 年）	197
図 9-5	新規発行 10 年国債利回り（過去 10 年分）	203
図 9-6	日本国債所有者別内訳（総額 755 兆円，2011 年 3 月時点）	205
図 9-7	日本国債所有者別内訳（速報，総額 885 兆円，2015 年 6 月時点）	205
図 9-8	介護福祉士の登録者数と従事者数	209
図終-1	介護市場モデルの全体イメージ	215

表序-1	東アジアにおける高齢化社会から高齢社会への転換	6
表 1-1	主要国の普通選挙権導入	20
表 1-2	公的・民間介護支出の GDP 比	23
表 1-3	高齢者人口依存率（20～64 歳人口に対する 65 歳以上人口の比率，1960～2040 年）	27
表 1-4	主要国の介護政策の歴史における主な出来事（1965～2000 年）	30
表 1-5	主要国における民間による介護サービスの供給	32
表 1-6	OECD 諸国の主な介護供給のためのケア品質保証政策	33
表 1-7	ニュー・パブリック・マネジメント（NPM）の概念	38
表 1-8	行政理論の変遷	38
表 2-1	主な公的介護プログラム（OECD 加盟国から 19 カ国）	52-53
表 3-1	要介護度ごとの平均的な状態	63
表 3-2	要介護者の割合（2006 年 4 月）	64
表 3-3	要介護度と月ごとの最大支給相当額	64
表 3-4	主な介護サービス	64
表 3-5	グループホーム利用の費用	65
表 3-6	介護保険制度におけるケア品質を担保する制度	69
表 3-7	外部評価の評価項目	71
表 4-1	オーナーシップ別に示した供給者の分布	81
表 4-2	外部評価	82-83
表 4-3	説明された総分散	84

表 4-4	成分マトリックス	85
表 4-5	記述統計	88
表 4-6	供給者のオーナーシップ別のサービス品質の比較	90
表 4-7	供給者のオーナーシップ別分布	92
表 4-8	その他の変数の影響	92
表 4-9	供給者の市場競争度別分布	95
表 4-10	供給者の市場競争度別の介護品質の比較	95
表 4-11	供給者の市場参入別分布	97
表 4-12	供給者の市場参入別のサービス品質の比較	98
表 4-13	供給者の市場参入別の介護品質向上の比較	98
表 5-1	総介護支出に対する民間介護支出の割合	106
表 5-2	ジニ係数と市場タイプ	106
表 5-3	日本のグループホームのレバレッジモデル	114-115
表 6-1	説明責任の問いに答える方法	125
表 6-2	ヒューマン・サービスの特徴に対する強みと弱み	130
表 7-1	モデルとケース	144
表 7-2	米国と日本のケア・ワーカー	145
表 7-3	MDS の歴史	147
表 7-4	被介護者の状態	152
表 7-5	政策決定に関与するポジションへ向けたケア・ワーカーのキャリア上のメリットの要約	156
表 7-6	介護認定審査会メンバーの肩書（加古川市の例）	157
表 7-7	介護サービスの質の評価のあり方に関わる検討委員会メンバーの肩書	160
表 7-8	介護サービスの選択肢（詳細）	162
表 7-9	施設介護の質に関する政策上の懸案事項	165
表 7-10	在宅サービスの質に関する政策上の懸案事項	165
表 7-11	日本における介護福祉士の給与（年棒）の実情調査	168
表 8-1	米国と日本におけるケア・ワーカーの定義	173
表 8-2	日本と米国で義務付けられている研修時間数	176
表 8-3	米国における研修内容	178
表 8-4	日本の准看護師に義務付けられている研修	180
表 8-5	日本の介護福祉士に義務付けられている研修	181
表 8-6	日本の訪問介護員に義務付けられている研修	182
表 8-7	介護福祉士の試験科目	184
表 8-8	介護福祉士の試験合格率（2006～10 年）	184

表 9-1	介護に対する考え方	193
表 9-2	介護福祉士／社会福祉士養成所を持つ日本の大学	195
表 9-3	日本政府による生活支援ロボット推進のための行動計画	196
表 9-4	日本のロボット産業の市場予測（詳細，2015～35 年）	198-199

事項索引

あ 行

アイルランド 104
アウトカム（型業績評価モデル） 2, 3, 14, 15, 123, 125-129, 131, 132, 135-140, 143-150, 158, 169, 221, 222
アウトソース 34, 37, 56
アドミニストレーション 37
インプット 37, 139, 150, 221
英国 19, 20, 28, 32, 33, 134, 143, 148
NPO 1, 85
オーストラリア 9, 25, 31, 32, 40, 54, 134, 143, 148, 200
オーストリア 59, 117, 216
オランダ 59, 118, 216

か 行

介護給付 59, 60
介護サービス情報 68, 69, 76, 207
介護支出 6, 13, 14, 22, 24-26, 104, 105, 107, 190
介護市場モデル 2, 7, 8, 12-16, 45, 54-57, 59, 60, 68, 72-74, 76, 99-101, 103, 111, 117-119, 123, 133, 188, 201, 206, 207, 214-221, 224, 228, 230
介護政策モデル 14-16, 132, 133, 139, 140, 151, 155, 156, 158, 161, 164, 166-169, 187, 189, 210, 211, 221, 222
介護ニーズ 31, 35, 144, 151, 194, 195, 227, 228
介護福祉士 145, 152, 157, 158, 166, 168, 174-176, 180-182, 185, 187, 188, 209
介護保険 31, 51, 54, 56, 60, 61, 65-68, 70, 72, 75, 76, 78, 79, 85, 86, 117, 126, 151, 157, 161, 164, 167, 172, 175, 188, 189, 192, 193, 207, 216, 217
介護保険給付費用 189
介護報酬 208-211
外部評価 54, 68, 70-72, 74, 76, 80, 81, 91, 96, 116, 159-161, 207, 208
価格競争 12, 40, 56, 57, 59, 65, 66, 68, 72, 74, 79, 103, 117, 118, 215
価格不競争 12, 101, 215, 216
核家族化 29
影の政府 37
ガバナンス・モデル 133
空っぽの王冠 37
カリタス 29
韓国 59, 118, 201, 216
官僚制 34-36, 222
規制 4, 11, 12, 18, 29, 31, 34, 36, 49, 50, 78, 80, 86, 87, 113, 146, 201, 214
規模の経済 105-107, 109-111
行政（学）理論 2, 18, 34, 37, 39, 41, 134-136, 229
行政評価 149
業績指標 42, 214
競争緩和契約 10
極大化 45, 46, 56, 202
空洞政府 37
グループホーム 8, 12, 13, 62, 65, 70-74, 76, 80, 86, 87, 91, 93, 99, 100, 112, 116, 123, 207, 217, 218
ケア市場モデル 46-49, 51, 54-56, 112, 214
ケア品質 14, 15, 22, 32-34, 39, 41, 45-48, 54, 55, 57, 68-72, 103, 188, 207
ケア品質モデル 45-51, 53-55
ケア・ワーカー 14, 109, 127-131, 139-140, 143-145, 150, 155-161, 164, 166-

169, 171-175, 177-179, 182, 185, 187-190, 193-195, 200-201, 206, 209-210, 222-227, 229
経済協力開発機構（OECD）　21
経済産業省　193, 200
軽費老人ホーム　66
契約の失敗仮説　13
契約のレジーム　37
ケーススタディメソッド　8
健康保険　19, 20, 60, 67, 151, 167, 175
研修　152, 172, 175-178, 180-182, 185, 194
公共サービス　17, 18, 34-37, 39, 40, 42, 129, 130, 133, 134, 136-138, 222, 229, 230
公共財　108, 109
公共政策モデル　14, 17, 18, 34, 35, 132-139, 149, 155, 169, 221, 227, 229, 230
公共セクター　35, 37, 39
公共選択　36, 37
高価で高品質　4, 39, 47, 49, 55
厚生労働省　86, 151, 159, 167, 168, 176, 188, 191, 200, 207
公的支出　24, 107
高齢化社会　5, 140, 185
高齢社会　5
国債　201-204, 206
コミュニティ・ケア　29, 31, 33

さ　行

財政的持続可能性　8, 9, 12, 13, 45, 57, 103, 104, 117, 227
最低限の生活水準　10, 11, 18, 21, 45, 148
財の統一性　109, 110
佐竹・鈴木（モデル）　13, 74, 79, 80, 86, 96-97, 99, 118, 217-218, 230
産業構造　35
産業振興　192, 201
資格休業者　210

GDP　22, 24, 104, 201, 202, 227
私財　108
市場活用　17, 18, 29, 34, 35, 37, 39, 226
市場競争　2, 8, 10, 11, 13, 14, 47, 54-57, 73, 78-80, 85, 93, 94, 99, 101, 117-119, 123-125, 133, 213, 214, 216-218, 221
市場の失敗　35, 100
私費　46-49, 112
社会福祉　9, 18-21, 85, 146, 219
社会福祉士　185
社会民主　20, 31, 219
収容人数　31, 46, 47
恤救規則　19
准看護師　145, 174-176, 180, 182
所得格差　13, 14, 105-107, 109-111
人口動態　26, 28
スウェーデン　20, 22, 31, 59, 104, 107, 111, 118, 216
スクリーニング　67
スペイン　24, 104
生活支援ロボット　190, 193, 195, 197, 199
政策目標　3, 14, 41, 125-127, 131, 138, 139, 169, 213, 221, 228-230
政策立案　36
世界恐慌　20, 35
世界保健機関（WHO）　21
赤十字　29
総費用　46
ソーシャルエンジニアリング　35

た　行

第三者政府　37
第三者評価　54, 68, 69, 75, 207
地方創生　111
地方分権　107, 111, 133
中央集権　35, 37, 135
低所得者のみへの給付　12, 52, 103-108, 111, 112, 174, 216, 219, 220

事項索引　251

低品質ケア　47, 49, 50
ドイツ　19, 20, 29, 32, 59, 104, 117, 118, 143, 148, 201, 216

な　行

ナーシング・ホーム　28, 46-48, 54, 55, 67
ナショナル・ミニマム　1, 5, 207
日常生活動作（ADL）　46
日本銀行　202, 204, 206
ニュージーランド　134
ニュー・パブリック・マネジメント（NPM）　37
ノルウェー　59, 107, 118, 216

は　行

ハーフィンダール・ハーシュマン指数（HHI）　78, 85, 86, 90, 94, 96
払い戻し　46-48, 55, 112
非営利　13, 20, 29, 31, 73-76, 79, 85, 89-91, 93, 99, 172, 217
被介護者　4, 12, 15, 17, 39, 40, 46-50, 55-57, 59-62, 66, 68-70, 72, 75, 80, 84, 86, 87, 89-91, 93, 96, 99-101, 103, 117, 118, 126, 128, 129, 139, 145, 148, 152, 155, 172, 177, 179, 182, 185, 190-193, 195, 200, 215-218, 224, 225
ヒューマン・サービス　1-5, 8-12, 14, 17, 18, 21, 22, 32, 34, 35, 39-42, 45, 50-52, 54, 56, 57, 59, 65, 73, 103, 110, 117, 123-132, 137-139, 143, 145-151, 171, 189, 191, 213-230
費用　13, 15, 46, 48, 50, 57, 60, 62, 67, 74, 87, 103, 104, 110-112, 116, 119, 164, 190, 200, 219, 226
標準化　12, 15, 21, 40, 55-57, 59, 61, 72, 75, 81, 101, 103, 117, 118, 185, 207, 208, 215, 216, 230
品質　1, 2, 4, 5, 11, 12, 17, 18, 21, 32-34, 39-41, 46-50, 55-57, 59, 61, 70-72, 74, 75, 81, 84, 86-88, 91, 94, 97, 99-101, 111, 116-118, 143, 146, 148, 149, 187, 207, 215-218, 227, 229, 230
品質評価　75, 96, 100, 101, 103, 119, 123, 143, 147, 149, 171, 189, 220, 221
福祉国家　18, 20, 21, 34, 50
フランス　19
プロセス（型業績評価モデル）　2, 3, 8, 9, 11, 14, 15, 37, 61, 67, 123, 127-129, 131-133, 135-140, 143, 144, 146, 150, 151, 155, 156, 161, 164, 166, 168, 169, 171, 185, 187, 221-225, 227, 228, 230
米国　7, 9, 12, 15, 20, 25, 28, 32, 33, 40, 46, 54, 75, 77, 78, 110, 111, 134, 143-146, 148-151, 156-158, 166, 169, 171-179, 182, 185, 188, 197, 200, 201, 216, 219
訪問介護員　145, 158, 174-176, 180, 182

ま　行

マネジメント　35, 37, 83, 135, 218, 227, 228
民間介護保険　67
民間企業　1, 29, 31, 67
民間支出　104, 105
無差別曲線　48, 49, 116
メキシコ　22
メディカル・アームス・レース　13, 73, 77
メディケア　28, 48, 111, 112, 147
メディケイド　12, 28, 46-48, 112, 147, 172
メリット財　108-110

や　行

安かろう悪かろう　3, 39, 47
ユニバーサル給付　12-14, 52, 55-57, 59, 101, 103-107, 109-111, 117-119, 215, 216, 219, 220

ゆりかごから墓場まで　18, 20
要介護　12, 62, 65, 66, 86, 87, 93, 117, 148, 157, 158, 164, 208, 215
要支援　62, 164

ら　行

ライセンス補助　10, 33

リベラル　20
ルールの支配　36
ルクセンブルグ　59, 118, 216
レバレッジ　8, 14, 112, 113, 116, 119, 220
ロボット産業　197, 200, 226, 227

人名索引

朝田隆　126
天野拓　110
荒見玲子　208
遠藤久夫　74, 75
大日康史　51
大津広子　51
小塩隆士　51
柏野健三　19
角谷快彦　112
金子能宏　51
川村雅則　179
京極高宣　51
桜井政成　76
佐竹秀典　13, 74, 79, 80, 86, 96, 97, 99, 118, 217, 218, 230
下野恵子　51
周燕飛　36, 78, 79, 108, 116
鈴木亘　13, 74, 76, 78-80, 86, 93, 96, 97, 99, 118, 217, 218, 230
スティグリッツ，ジョセフ　202
橘木俊詔　51
南部鶴彦　78, 79, 98
西村周三　50, 51
花岡智恵　210
堀田聰子　172
山岸敬和　110

A-Z

Albrow, M.　35
Applebaum, R.　147, 148, 150
Aulich, C.　37
Bade, R.　94
Bakvis, H.　37
Bates-Jansen, B. M.　150
Behn, D. R.　124
Ben-Ner, A.　75
Berenson, R. A.　78
Bodenheimer, T.　78
Boston, J.　36
Boyne, G. A.　35
Braithwaite, J.　33, 72
Brewster, L. R.　78
Burger, W. R.　9
Burns, T.　36
Calvin, J.　19
Cassalino, L. P.　78
Castles, G. F.　50
Chang, C. F.　75
Choi, J.　52
Cohen, J.　75
Crozier, M.　36
Cutler, D.　28, 67
Davidson, B.　10, 21
Devers, K. J.　78
Donabedian, A.　1, 4, 146
Dranove, D.　78
Dubois, P.　35
Dunleavy, P.　36
Dusansky, R.　46
Ellwood, J.　136
Esping-Andersen, G.　20, 219
Farley, D. E.　78
Feng, Z. D.　148
Fisher, I.　204
Frederickson, G. H.　134, 136
Frey, B. C.　200
Fries, B. E.　148
Gertler, J. P.　46, 75, 78
Gomez-Ibanez J.　17
Halligan, J.　37

Hansmann, H.   74, 75, 89, 91
Harrington, C.   33
Hawes, C.   148
Heinrich, C.   133, 134, 136, 138, 222, 223
Hill, C.   133, 134, 136, 138, 222, 223
Hirth, R.   74, 75
Hood, C.   37
Hughes, O.   78
Hughes, E. F.   78
Isernhagen, J. C.   177
James, E.   74
Kadoya, Y.   87
Kesseler, D.   78
Kettl, D.   37, 133, 134
Knichman, J. R.   26
Koo, C. R.   203, 204
Kübler-Ross   179
Landau, M.   127
Lane, J.-E.   37
Li, L.   176
Li, W.   17
Lipsky, M.   1, 3, 37, 41, 125–128, 222–224, 227, 228
Luft, H. S.   77, 78
Luther, M.   19
Lynn, L. Jr.   133, 134, 136, 138, 222, 223
Maera, E.   28
Mankiw, N. G.   191
McClellan, M. B.   78
Megginson, W. L.   20
Mehdizadeh, S.   148
Melnick, G.   78
Merton, R.   36
Meyer J.   17
Milward, H. B.   37
Morozumi, R.   76, 93
Musgrave, R.   108
Naegele, G.   216
Netter, J. M.   20

Newcomer, E. K.   129
Norton, E. C.   46–48, 51, 54, 67
Nutley, S.   37
Nyman, J. A.   1, 46, 48, 75, 78
O'Brien, J.   75
Ogle, B. R.   177
O'Leary, B.   36
Osborne, A. M.   200
Ouslander, J.   150
Parkin, M.   94
Peters, B. G.   133
Pham, H. H.   78
Phillips, C. D.   148
Pierre, J.   133
Rahman, A.   147, 148, 150
Rhodes, R. A. W.   37
Robinson, J. C.   77, 78
Rose-Ackerman, S.   74
Salamon, L. M.   37
Sankai, Y.   195
Saxberg, B. O.   75
Scanlon, W. J.   46
Schmolling, P., Jr.   9
Schnelle, J. F.   150
Selznick, P.   36
Shanley, M.   78
Shimizutani, S.   81
Shortell, S. M.   78
Simon, C.   78
Simons, S. F.   150
Slevin, M. L.   150
Sloan, F. A.   67
Smith, B. K.   37, 134, 136
Smith, H. L.   75
Snell, E. K.   26
Spector, W.   75
Stalker, G. M.   36
Sturgess, G.   37
Sugahara, T.   87

Suzuki, W. 74	Wilmoth J. R. 28
Thomas, G. 1	Wilson, J. C. 78
Tuckman, H. P. 75	Xu, L. 17
Uman, G. 150	Yin, R. 8
Vogel, E. F. 227	Youkeles, M. 9
Waldman, D. M. 46, 78	Ziemba, R. 176
Weisbrod, B. A. 75	Zins, C. 9
Weller, P. 37	Zontek, T. L. 177
Wholey, S. J. 129	Zwanziger, J. 78
Wiener, J. M. 1, 7, 72, 143, 150	

《著者紹介》

角谷快彦
かど や よし ひこ

1976年生
2005年　早稲田大学大学院公共経営研究科修士課程修了
2010年　シドニー大学大学院経済ビジネス研究科博士課程修了
　　　　大阪大学社会経済研究所特任助教等を経て，
2011年　Ph. D（シドニー大学）取得
現　在　名古屋大学大学院経済学研究科特任准教授

介護市場の経済学

2016年2月29日　初版第1刷発行

定価はカバーに
表示しています

著　者　角　谷　快　彦
発行者　石　井　三　記

発行所　一般財団法人　名古屋大学出版会
〒464-0814　名古屋市千種区不老町1 名古屋大学構内
電話(052)781-5027/FAX(052)781-0697

Ⓒ Yoshihiko KADOYA, 2016　　　　　　　Printed in Japan
印刷・製本 ㈱太洋社　　　　　　　　ISBN978-4-8158-0833-4
乱丁・落丁はお取替えいたします。

Ⓡ〈日本複製権センター委託出版物〉
本書の全部または一部を無断で複写複製（コピー）することは，著作権法上
での例外を除き，禁じられています。本書からの複写を希望される場合は，
必ず事前に日本複製権センター（03-3401-2382）の許諾を受けてください。

西村周三著
保険と年金の経済学
A5・240 頁
本体 3,200 円

田尾雅夫・西村周三・藤田綾子編
超高齢社会と向き合う
A5・246 頁
本体 2,800 円

下野恵子・大津廣子著
看護師の熟練形成
―看護技術の向上を阻むものは何か―
A5・262 頁
本体 4,200 円

上村泰裕著
福祉のアジア
―国際比較から政策構想へ―
A5・272 頁
本体 4,500 円

山岸敬和著
アメリカ医療制度の政治史
―20世紀の経験とオバマケア―
A5・376 頁
本体 4,500 円

福澤直樹著
ドイツ社会保険史
―社会国家の形成と展開―
A5・338 頁
本体 6,600 円

A. C. ピグー著　八木紀一郎監訳
ピグー　富と厚生
菊判・472 頁
本体 6,800 円

本郷亮著
ピグーの思想と経済学
―ケンブリッジの知的展開の中で―
A5・350 頁
本体 5,700 円

瀬口昌久著
老年と正義
―西洋古代思想にみる老年の哲学―
四六判・328 頁
本体 3,600 円